아프리카,

한 번쯤 내볼만한 용기

아프리카, 한 번쯤 내볼만한 용기

초판 1쇄 발행 2018년 7월 13일
초판 3쇄 발행 2021년 5월 14일

지은이·최세화
발행인·안유석
편 집·고병찬
마케팅·구준모
표지디자인·박무선

펴낸곳·처음북스   출판등록·2011년 1월 12일 제2011-000009호
주소·서울특별시 강남구 테헤란로2길 27 패스트파이브 빌딩 12F
전화·070-7018-8812 팩스·02-6280-3032
이메일·cheombooks@cheom.net
홈페이지·www.cheombooks.net
인스타그램·@cheombooks
페이스북·www.facebook.com/cheombooks
ISBN·979-11-7022-155-5 03930

아프리카,
한 번쯤 내볼만한 용기

최세화 지음

찬란하고 찌질한 95일간의 아프리카 여행기

처음북스

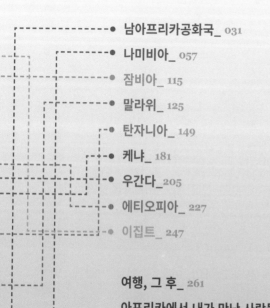

프롤로그

버킷리스트는 어디까지나 소망이니까, 그냥 이번 생에 살아가면서 꼭 한 번 이루어 보고 싶은 것, 가장 비현실적이라고 생각한 것을 제일 위에 썼어요.

다들 그렇지 않나요?

죽기 전에 해보고 싶은 일을 쓰라고 하면, 이룰 수 있을지 없을지 나조차 확신할 수 없지만, '언젠간 이뤄 볼 수 있겠지' 하는 희망으로 써보잖아요.

"아프리카 여행하기. 빅토리아 호수 보기. 사막 가보기"

(작성일 2014년 3월 10일)

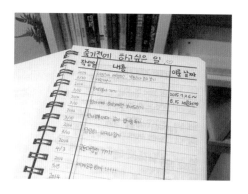

고등학교 3학년 세계지리 시간 때 본 사진 한 장이 아프리카 대륙을 엄청나게 궁금하게 했어요. 하지만 그때는 해외는커녕 비행기도 타본 적이 없어서, 그 꿈은 결코 쉽게 이루기 힘든 리스트라고 생각했었죠. 그 후에도 아프리카라는 단어에서 느껴지는 기운이 만만하지 않았기에 아프리카는 항상 뒤로 미루던 여행지였지요.

그런데 스무 살이 되고, 3년 동안 동남아 일주와 댄스 버스킹 여행, 히말라야 트레킹 등 하나둘씩 저만의 도전에 성공하다 보니 못 갈 곳은 없다는 자신감이 생겼어요.

그래서 2017년에 학교를 휴학하기로 결정하고 4개월간 아프리카 여행에 필요한 여행경비를 마련하기 시작했습니다.

그리고 마침내 8월 16일. 제게 아프리카라는 꿈을 안겨준 담임 선생님께 마지막으로 연락하고 남아공으로 가는 편도 비행기에 올랐어요. 체류 기간이 2개월이 되든 3개월이 되든 돈 떨어지면 올 생각이었지요.

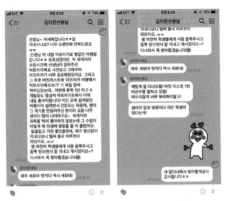

지금 생각하면 정말 웃기지만, 사실 비행기 안에서 한참 동안 메모장에 유서를 썼어요. 단 2분 만에도 차가 뒤집혀 사람이 죽는데, 저에게 그런 일이 일어나지 않는다는 장담을 할 수 없으니까요. 이렇게 저는 정말 겁쟁이인데, 이상하게 배짱 하나만은 두둑했죠.

그렇게 겁짱이(겁쟁이+배짱이)인 제가 어느새 95일간의 아프리카 여행에 마침표를 찍고 낯설면서도 익숙한 한국의 일상으로 돌아왔습니다.

귀국하기 전, 한국에 돌아가기 아쉬울 줄 알았는데 전혀 아쉽지 않던 걸 보니 참 후회 없이 여행했다 생각해요. 이번 여행을 한 마디로 표현하자면 "짜증난 적이 무지 많지만 웃음 나는 일도 많았던 애증의 아프리카!"라고 말하고 싶네요.

사람들이 "아프리카 여행 좋았어요?"라고 물으면 쉽게 대답하지 못하고 "음……, 힘든 여행이긴 했어요"라고 말끝을 흐리곤 해요. 꿈 같아서 좋았지만 힘들었고, 매 순간이 신기했지만 위험했고, 행복했지만 지독히 외로웠거든요.

사실 여행을 다녀와서 크게 바뀐 점은 없어요. 투톤이 돼버린 머리카락, 더 붙은 볼살과 뱃살, 거칠어진 피부뿐. 그저 남들이 정신없이 달릴 시기에 쉼표 한 번 찍었으니 그만큼 여유 있는 사람이 되지 않았을까 생각하는 거죠.

혼자였기에 발길이 닿는 곳으로 갈 수 있었고, 그 덕분에 만난 우연이 가져다 준 행운이 제 여행을 빛나게 해준 것 같아요. 반대로 혼자였기에 나쁜 사람의 표적이 되기도 했고, 위험에 노출되기도 했지만요. 그렇게 좋은 일 나쁜 일 다 겪으며 행복하면서도 힘들고, 힘들면서도 행복한 시간이 지나갔어요. 약간은 둥글어진 마음과 함께요.

이 책은 평범한 여대생이 호기심과 철없음, 배짱만 가지고 95일간 아프리카 맨땅에 헤딩하며 겪은 이런저런 이야기와 그 안에서 느낀 감정, 그리고 아프리카 여행을 꿈꾸는 사람들을 위한 소소한 팁을 담은 책입니다.

이 책을 읽은 후, 누군가 제 덕분에 그동안 잊고 살던 '꿈'을 이루겠다는 '용기'나 여행을 결심하는 용기 혹은 무언가를 하겠다는 용기 등 마음속에 간직해온 용기를 꺼낼 수 있다면 더할 나위 없이 행복할 것 같아요. 분명 할 수 있거든요. 겁쟁이인 저도 '평생 할 수는 있을까?'라고 의심하며 적은 것들을 결국 해냈거든요. 제가 했으니 여러분은 더 멋지게, 잘 이룰 수 있을 거예요. 그게 무엇이든 간에요!

행복하면서도 힘들고,
힘들면서도 행복한 시간이 지나갔어요.
약간은 둥글어진 마음과 함께요.

아프리카 여행을
떠나기까지

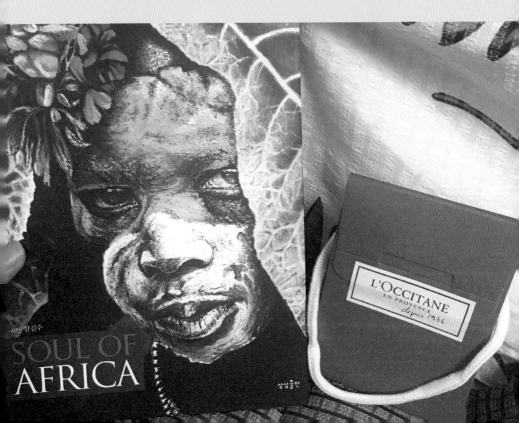

잠시 멈춤

여행 경비 모으기 프로젝트

마지막 인사

잠시 멈춤

휴학을 결정하기까지는 오랜 고민이 필요하지 않았다. 3학년 2학기를 다니는 내내 우리 동기 사이에서는 "내년에 학교 다녀?"라는 질문이 안부인사처럼 자주 오갔다.

"아, 내년에 휴학할지 말지 고민이야. 부모님이 별로 안 좋아하셔서 어떻게 될지 모르겠다……."

이 대답을 입에 달고 다녔지만, 사실 이렇게 말하면서도 이미 내 마음은 휴학으로 200퍼센트 기울어 있었던 듯하다. 부모님은 아버지가 퇴직하시기 전에, 그래도 경제적으로 뒷받침해줄 수 있을 때 대학교를 빨리 졸업했으면 하셨지만 말이다.

하지만 그럼에도 불구하고, 내 마음속에서는 '아프리카에 갈 최적의 시기는 지금뿐이야. 세화야, 가야 해!'라며 아프리카에 가고 싶다는 꿈이 요동치고 있었다.

그렇게 나는 소심하게 한 학기 휴학 신청을 했다. 휴학 신청 버튼을 누르는 순간까지도 불안한 생각들이 내 손가락을 무겁게 만들었다. 대립되는 두 마음이 내 머릿속을 온통 혼란스럽게 만들고 있었다.

'여행을 아무리 좋아하는 나라지만, 여행만을 위해 1년이나 휴학하는 게 괜찮은 걸까? 다른 친구들이 열심히 달릴 시기에 혹시 혼자 괜히 시간낭비만 하는 거 아닌가?'

'아니야. 100세 시대에 딱 1년만 온전히 나를 위해 사는 거야. 지나고 보면 1년 정도는 그리 큰 시간도 아닐 텐데 뭐.'

나는 결국 일기장에 적어둔, 내가 좋아하는 여행 작가인 안시내 작가님의 말을 되새기면서 마음을 다잡을 수 있었다.

"뭐든 좋으니 딱 1년만 자신만을 위해 이기적으로 살아보면 좋겠어요. 100살까지 산다는데, 1년이면 100분의 1밖에 안 되는 시간이니까요"

여행 경비 모으기 프로젝트

　나의 2017년 계획은 이랬다. 12월부터 1월까지 아르바이트를 열심히 해서 2월에 히말라야 다녀오기. 그리고 3월부터 열심히 다시 여행경비를 벌고, 7월이나 8월에 아프리카로 떠나기.

　3월. 새 학기가 시작할 때가 되자 히말라야에 다녀 온 다음 솟구치던 자신만만함은 어디로 갔는지, 또다시 불안해지기 시작했다. 나는 항상 학업과 함께 대외활동과 아르바이트, 동아리 등을 병행하며 쉴 틈 없이 바쁘게 살던 스타일이었다. 둘러보면 주변에 하나씩 있는 '정말 바쁘게 사는 애'가 바로 나였다. 그러다 휴학을 하고 갑자기 아무 스케줄도 없이 탱자탱자 놀기만 하니 처음에 좋던 기분은 어디로 갔는지 몇 주가 지나자 이내 곧 마음이 불안해졌다. 결국 이 쓸데없는 불안한 마음과 현실의 타협점은 바로 '인턴하며 여행경비 벌기'였다.

방송영상학 전공자인 나는, 미래에 하고 싶은 일이 뚜렷하진 않았지만 그나마 '방송구성작가'라는 직업에 관심을 가지고 있었다.

'그래, 방송작가 경험을 하면서 여행경비를 벌면 일석이조네!'

평소에 가깝게 지내던 교수님께 부랴부랴 연락을 드렸다. 정말 감사하게도 알고 지내던 방송작가님과 바로 연결시켜주셨고, 운 좋게 현재 진행 중인 KBS 파일럿 예능 프로그램 촬영 현장에서 일주일 정도 '맛보기' 일을 할 수 있었다.

3일 내내 긴장의 끈을 놓지 않고 어설프지만 눈치를 열심히 보고, 뜬 눈으로 새벽을 보내며 촬영했다. 체력적으로 힘들 법했지만 이 모든 것이 처음이라 이특, 조권, 최양락 등 유명한 연예인들을 가까이서 볼 수 있는 것만으로도 정말 신나고 즐거웠다.

촬영이 끝난 날, 작가님과 앞으로 계속 막내작가 일을 할지에 대한 이야기를 나눴다. 나는 몇 개월만 막내작가 일을 하면서 여행경비를 벌고 싶었다. 그러나 아쉬운 답변이 돌아왔다.

"휴학생은 되도록 받지 않으려고 해. 적응할 만하면 그만두고 학교에 가니까. 작가 일을 하고 싶으면 학교 졸업하고 와! 그때 와도 환영해줄게. 그런데 지금은 힘들 것 같아. 오래할 수 있는 사람이 필요하거든."

깔끔하게 미련을 버릴 수 있었다. 뜻대로 되지는 않았지만 나를 예쁘게 봐준 작가님 덕분에 고작 일주일 일하고도 엔딩 크레딧에 내 이름이 오르는 영광을 얻을 수 있었다.

　플랜 A가 무너졌으니 아르바이트를 구해야 했다. 관심 밖의 분야에서 일하기는 딱 질색이라 시간이 걸리더라도 흥미를 가지고 할 수 있는 일자리를 찾고 싶었다. 매일같이 구인란을 찾아보다 내 눈에 들어온 모집공고가 있었으니, 바로 신촌에 위치한 '더 파이홀'이라는 타르트 디저트 카페 아르바이트였다. 그렇게 면접을 보고, 4월부터 하루에 여덟 시간씩 '더 파이홀'에서 일하기 시작했다.

　사실 여행경비를 바짝 모으기에 그리 적합한 일자리는 아니었다. 집에서 한 시간이 넘게 걸리는 거리에 평일 내내 하루 여덟 시간씩, 그리고 적지도 많지도 않은 보통 임금이었던지라 사실 4개월 안에 목표한 경비를 마련하는 데는 무리가 있었다. 하지만 내가 끝까지 파이홀에 남은 이유는 단 하나, 함께 일하는 사람들 때문이었다. 연예인급 외모의 사장 언니는 내 머릿속에 있는 전형적인 '사장'의 이미지를 와르르 무너뜨려줬다. 언니는 '인간적' 그 자체였다. 손님들 수다 소리보다 더 큰, 매장을 울리는 웃음소리나 대형사고에도 폭소하고 넘겨버리는 모습 등, 그리고 무엇보다 여기저기에서 알바를 해봤지만 처음부터 이런 것을 가르쳐주는 사장님은 처음이었다.

　"세화야. 손님이 먼저 불친절하게 대하면 세화 너도 불친절하게 해도 돼."

내게 언니의 이 한마디는 '손님보다 우리 식구인 세화네가 훨씬 더 중요해'라고 말하는 것처럼 느껴졌다. 몇 주도 지나지 않아 파이홀에서 일하는 것이 정말 즐거웠다. 사람들이 좋아서 말이다.

하지만 현실적으로 여기에서만 일하면 기간 안에 계획한 500만원을 모으기엔 택도 없이 부족했다. 결국 각종 대외활동을 하며 활동비를 받아 모았고, 간단한 영상제작 알바도 했다. 좋은 환경에서 좋은 사람들과 함께, 그리고 설레는 목표를 가지고 일을 하니 더할 나위 없이 재미있었지만 사실 우울할 때도 많았다. 매일 똑같은 스타일의 옷을 입고 똑같은 출퇴근길을 오가고 똑같이 반복되는 일상. 옷이라도 특별하게 입을까 해도 옷장에는 마음에 드

마지막 날, 파이홀 사장 언니의 센스있는 선물

는 예쁜 옷이 하나도 없다. 당시 나에게 쇼핑은 사치였으니 말이다. 이런 것들이 가끔 우울하게 만들기는 했지만, 그래도 지금 생각해보니 이때만큼 미니멀 라이프를 톡톡히 실천한 적이 없는 것 같다.

마지막 인사

"살아서 돌아와라⋯⋯."

이번만큼 희한한 이별인사를 들으며 출국날짜를 기다린 건 처음이었다. 항상 모두 부러운 눈빛으로 여행 잘 다녀오라며 나를 보내주곤 했는데, 이번에는 다들 걱정 가득한 얼굴로 마지막 인사를 건넨다. 나는 참 무슨 복인지, 그저 몇 개월 여행하는 것일 뿐인데 주변의 과분한 사랑을 받으며 행복하게 출국 준비를 할 수 있었다.

출국 일주일 전.

친한 친구 세 명이 일주일 안에 최세화 다섯 번 볼 거라며 여행하면서 필요할 물건을 잔뜩 사서 집에 찾아와 날 깜짝 놀라게 만드는가 하면, 공항까지 배웅하러 오겠다는 것을 멀어서 안 된다고 말리니 "아프리카가 더 멀어 이자식아" 하면서 끝끝내 배웅해준 친구들, 내가 떠난다고 한 자리에 모여서 날 위해 건배해준 중·고등학교 친구들, 아르바이트 마지막날에 아프리카 사진집을 선물해준 파이홀 사장님 혜리 언니 등. 나는 모두에게 복에 겨운 사랑을 받으면서 한국을 떠날 마음의 준비를 차차 해나가고 있었다.

-가족과의 인사

단짝친구이자 원수 같은 우리 언니 역시 마지막에 나를 눈물짓게 했다. 예방접종을 맞으러 간 날, 500만원을 가져가겠다며 아등바등 돈을 모았지만 400만원도 채 모으지 못 해 필수 예방접종 외에는 맞지 않기로 결심했다.

"아, 선택이라 괜찮아. 그리고 너무 비싸기도 하고."

왜 다른 주사를 맞지 않느냐는 언니의 물음에 대충 이렇게 둘러댔다. 그런데, 띠링띠링♬ 갑자기 알람이 울렸다.

"최세화 님의 통장에 777,777원이 입금 되었습니다."

헐. 언니가 예방주사를 맞지 않고 돈을 아끼고 있는 내 모습을 보고 안쓰러웠던 모양인지 "행운의 숫자야"라는 메시지와 함께 777,777원이라는 거금을 입금해준 것이다. 우리 언니 최고다. 이제 다른 친구들이 언니 오빠에게 용돈 받는 거, 눈곱만큼도 부럽지 않다.

내가 떠나기 전 주, 아빠가 지방에서 올라와 간만에 함께 외식을 하러 나갔다. 열심히 갈비를 먹는데 아빠가 뜬금없이 오른손을 내밀더니 나에게 악수를 청한다.

"즐거웠다 세화야."

"응? 뭐야, 나 죽으러 가?"

"그럴 수도 있으니 미리 인사하는 거야."

그동안 아무 말 없더니 이제 와서 고작 하는 말이 영영 작별인사라니! 아빠도 참.

그런데 출국 당일, 비행기 타기 직전에 벨소리가 울렸다. 아빠였다.

"세화야, 거기 가서 조금만 거시기하면 바로 한국 와!"

내가 죽으러 가기라도 하는 것처럼 마지막 인사를 할 때는 언제고, 걱정하는 아빠의 복잡한 마음이 담긴 정다운 한마디였다.

꿈을 안겨준 고등학교 3학년 담임선생님과의 카카오톡

친구들의 센스 넘치는 선물

막상 닥치고 나니 기대와 설렘보다는 이런저런 긴장과 불안감
이 앞서 짐을 챙기는 손길이 무거웠다. 8월 16일. 나는 내게 아프
리카의 꿈을 안겨준 고등학교 3학년 때 담임선생님께 연락하는
것을 마지막으로 남아공으로 가는 편도 비행기에 올랐다.

마지막까지 나를 위해 술잔을 기울여준 친구들

■ 쉬어가기

-아프리카 여행 준비는 어떻게 해야 할까?

1. 예방접종 필수

가기 전 각종 예방접종은 필수다. 특히 '황열병'은 꼭 예방주사를 맞고 접종 증명 카드를 받아야 한다. 입국 시 이 증명 카드를 요구할 때도 있으며 없을 경우 입국을 거부당할 수 있다. 황열병 외에 말라리아, 파상풍, A형간염, 장티푸스 등 아프리카 여행 시 권장 예방접종 목록이 있다. 나는 파상풍과 A형간염 예방접종을 맞았고, 말라리아는 예방 알약을 처방받아 갔다(한 번도 먹지 않았지만).

2. 정보는 어디서?

여행 정보를 얻는 데 정말 애를 많이 먹었다. 나라 이름도 처음 들어보는데, 도대체 정보는 어떻게 찾나? 나처럼 답답한 사람들을 위해, 속 시원하게 딱 세 가지로 정리해보겠다.

(1) 고고아프리카(네이버카페)

- 아프리카 여행객끼리 정보를 주고받는 아프리카 여행 대표 카페다. 여행객뿐 아니라 현지에서 사업을 하고 있는 한인이나 전문

가들이 질문에 정성스럽게 답변해준다.

(2) 고고아프리카 카카오톡 오픈 채팅방 & 여행에 미치다 아프리카 카카오톡 오픈 채팅방

- 사실 이 채팅방은 여행 전 준비에 도움이 되기보다 여행하면서 실시간으로 질문하기 좋다.

(3) 가이드북(『동·남 아프리카 여행백서』)

- 아프리카 여행 가이드북은 아직까지도 이 책 말고 본 적이 없다. 아마 우리나라에서 나온 유일한 아프리카 여행 가이드북일 것이다. 가장 도움이 많이 됐다.

3. 없어서 후회한 물건 & 가져가면 좋은 준비물 TIP!

없어서 아쉬웠던 것: 멀티 USB 허브, 긴 빨랫줄, 후리스, 플립플롭(쪼리)

가져가면 좋은 것: 침낭, 물티슈, 자물쇠, 복대

가져갔지만 그다지 쓸모없었던 것: 물통, 드라이기, 고데기

"왜 하필 아프리카야?"

아프리카 대륙이 궁금해진 계기가 있어요. 고등학교 3학년 때 제 담임선생님은 세계지리 선생님이셨어요. 호랑이 선생님보다는 엄마 같은 선생님이셨죠. 저는 그런 선생님이 좋았고, 그래서 더 예뻐 보이고 싶었나 봐요. 그래서 흥미도 없는 세계지리 시간에 졸린 눈을 부릅부릅 떠가며 졸음을 참은 기억이 있어요.

아프리카 대륙 장을 배우는 날이었어요. 미친 듯이 졸다가 제 눈을 번쩍 뜨게 만든 사진이 있었는데, 바로 빅토리아 폭포 사진이었어요. 그 사진 하나로 저는 아프리카가 너무 궁금해져 버렸습니다. '죽기 전에 볼 수는 있을까? 저 폭포 진짜 멋있다' 하는 생각이 머리 위를 스쳐 지나갔어요. 해외는커녕 비행기도 타본 적 없던 저에게 그 꿈은 제가 가장 이루기 힘들 거라 생각한 리스트, 그리고 꼭 이루어보고 싶은 리스트의 첫 목표였죠.

그리고 두 번째, 지금 아니면 정말 못 갈 것 같았어요. 항상 여행을 다니면서 이런 생각을 했어요.

'나중에 직업이 생겼을 때 사직서를 내고 훌쩍 떠날 용기는 없으니 그냥 지금 열심히 후회 없이 다녀야겠다.' 지금보다 더 무거운 책임감 같은 것을 지니고 있을 미래에는 모든 것을 잠시 내려놓고 떠날 수 있는 용기를 가지기 더 힘들 것 같았어요. 미래에는 제 일에 완전히 집중하면서 살고 싶기도 하고요. 그래서 지금이 최적기다 싶었고, 정말 이루고 싶은 버킷리스트가 있었으니 다른 여행지는 고려하지도 않았던 것 같아요. 물론 세계여행을 하면 좋았겠지만, 돈이 없으니 한 대륙을 골라야 했죠.

"동남아나 유럽, 남미 이런 곳 말고 왜 하필 아프리카야?"

사람들이 물을 때마다 이렇게 답했어요.

"아, 유럽은 스무 살 때 세 나라를 가봐서 대충 냄새 정도는 맡았고…… 나중에 40~50대에 가도 좋을 것 같아. 그리고 남미는 신혼여행 때 가려고 유일하게 일부러 남겨두는 대륙이야. 동남아 일주는 한 번 했고."

그러면 열 명 중 아홉 명은 웃으면서 이렇게 말하더라고요.

"남미로 신혼여행? 너 평생 못가는 거 아니야? 하하하하."

'아니야. 100세 시대에
딱 1년만 온전히 나를 위해 사는 거야.
지나고 보면 1년 정도는 그리 큰 시간도 아닐 텐데 뭐.'

Republic of South Africa

남아프리카공화국

남아공으로 향하는 22시간 비행

하루 만에 찢어져버린 배낭 커버

남아공에서의 엉뚱한 기억들

내 모습 그대로,

22시간 버스에서 만난 할아버지

남아공으로 향하는 22시간 비행

출국 당일. 이런저런 걱정에 새벽까지 잠을 이루지 못했다. 막상 가려니 준비가 너무 부족했다. 나미비아 비자 관련 준비를 미처 다 하지 못했음을 출국 당일 새벽에 깨달았다. 온갖 걱정 때문에 잠을 설치고 결국 아침 아홉 시부터 은행 두 곳을 뛰어다니며 비자 발급에 필요하다는 잔액증명서와 은행 거래내역서를 뽑고 정신없이 공항으로 향했다.

해외여행 경험이 꽤 많지만, 이렇게 진짜 배낭 하나 달랑 메고 한 달 이상 떠나는 장기여행은 처음이었다. 몇 달 전에 미리 산 새 배낭! 드디어 개시하는구나. 배낭의 무게는 욕심의 무게라고 하던데, 나는 아직 욕심을 하나도 버리지 못한 욕심쟁이였다. 부피가 큰 드라이기와 고데기까지 배낭에 꾹꾹 눌러 담아 결국 내 욕심의 무게는 16킬로그램이나 돼버렸다. 여행하면서 제일 먼저 욕심을 덜어내는 연습부터 해야겠어.

아프리카까지 가려면 인천에서 비행기를 타고 두 번을 경유해야 했다. '인천-홍콩-남아공 조벅-남아공 케이프타운'의 비행일정인데 정말 운이 좋게도 홍콩에서 남아공 조벅까지 가는 열 두 시간, 가장 긴 비행스케줄 동안 내 옆자리에 아무도 앉지 않았다. 우와! 나 정말 럭키걸이구나. 덕분에 다리를 쭉 펴고 캔 맥주를 마시며 다운받아온 영화를 보면서 혼자 설레는 비행 기분을 한껏 즐겼다.

비행기 안에서 아무생각 없이 늘어지다가, 문득 이번 여행에서 죽을지도 모르겠다는 생각이 들었다. 아프리카는 악명 높은 대륙이기도 하고, 주변에서 들려오는 소리도 그랬으니까. 잘 달리던 자동차가 전복되면 단 2분 만에도 생명을 잃는데 나라고 그런 불행을 겪지 않을 거라는 확신을 할 수 없었다. 창밖을 바라보며 갑자기 2분 만에 내 생이 끝나버릴 수도 있음을 생각해보았다.

음……, 덜컥 겁이 나긴 하는데 죽을 때의 고통스러움이 겁이 날 뿐이지 별로 억울할 것 같지는 않았다. 아등바등 현실에 치이며 살아왔다면 매우 원통했겠지만, 그렇게 살지 않아서인지 별로 두렵지 않았다.

'아, 나 잘 살고 있는가보다.'

생각이 꼬리에 꼬리를 물어 도달한 결론이었다. 항상 내가 지금 잘 살고 있는 건지 끊임없이 의심했는데, 그래도 나 잘 살고 있었나보다.

'내가 잘 살고 있는 건가?'라는 생각이 든다면 자신이 2분 만에 갑자기 죽는다면 어떨지 그때의 감정을 상상해보라. 아쉬울언정 억울하지는 않은지.

지금 생각하면 웃기긴 하지만, 비행기 안에서 한참동안 메모장에 유서를 썼다.

'하느님! 제가 만약 이번에 죽을 운명이라면 아프리카 여행만은 끝나고 죽게 해주세요! 아프리카만은 구경하고 가고 싶어요'라는 웃기지만 나름 진지한 나의 소망과 함께 말이다.

 하루 만에 찢어져버린 배낭 커버

역시 비행기 타는 건 재미있다. 장시간 비행을 힘들어 하는 사람들도 많지만, 때 되면 나오는 맛있는 기내식이, 맥주 한 잔 하며 내가 좋아하는 예능을 보는 시간이, 그리고 피곤하다 싶으면 아무 걱정 없이 잠들어 버리는 그 시간이 나는 정말 좋다.

하지만 곧 있을 짧은 경유시간이 불안해서 첫 번째 환승하는 길에 옆에 보이는 아주머니에게 말을 걸었다.

"혹시 케이프타운으로 가세요?"

"네, 케이프타운 가요."

'아싸! 환승할 때 아주머니를 쫄래쫄래 뒤쫓아 가야겠다. 적어도 길을 잃지는 않겠군.'

그리고 더 다행스럽게도 내가 말을 건 아주머니는 갈아 탄 비행기에서 바로 내 뒷 자석에 앉았다. 그래서 요하네스버그에 도착한 후 아주머니에게 천연덕스럽게 말을 걸며 함께 환승절차를 밟았다.

알고 보니 아주머니는 케이프타운에서 15년째 살고 계신 분이었다. 잠시 일이 있어 한국에 들어갔다가 오는 김에 이것저것 식료품을 왕창 사들고 들어가는 길이라고 한다. 이번 환승은 번거롭게도 다시 짐을 찾고 체크인과 수속 절차를 밟아야 했다.

'헤엑?'

아주머니 짐을 보고 놀라지 않을 수 없었다. 이민가방 두 개, 45킬로그램이 훌쩍 넘는 무게였다. 아주머니께서는 자신의 짐이 너무 많아 추가요금이 나올 것 같으니 혹시 괜찮으면 짐을 내 쪽으로 조금 덜어도 되냐고 물어보셨다. 부칠 수 있는 무게가 꽤 남은 터라 흔쾌히 승낙하고 아주머니의 이민가방 안에 있는 고춧가루와 멸치를 내 배낭 커버 안에 꾹꾹 눌러 담았다(이 배낭 커버는 배낭을 앞뒤로 완전히 감싸는 형태여서 커버 안에 물건을 넣을 수 있었다).

두 시간의 짧은 비행 후, 드디어 케이프타운에 도착해 빙빙 돌아가는 레일 위에서 내 배낭을 발견하고 잽싸게 빼내왔다. 그런데⋯⋯ 이게 무슨 일인가.

흠집 하나 없던 내 새 레인 커버가 고춧가루 무게에 못 이겨 터져버린 것이다. 하⋯⋯, 왜 좋은 일을 해도 이런 봉변이 있을까? 절망하며 바로 뒷 비행기를 타고 오는 아주머니를 기다렸다.

아주머니는 도착 후 내 배낭이 이렇게 된 것을 발견하시고는

너무나 미안해하셨다. 어쩔 줄 몰라 하시다가 나에게 깜짝 제안을 했다. 나는 오후에 공항에서 동행을 만나기로 약속해서 일곱 시간 동안 이곳에서 그들을 기다려야 하는 상황이었다.

"학생 덕분에 음식도 무사히 다 가져오고 했는데 이거 배낭 커버 때문에 미안해서 어쩌나……. 우리 집이 여기서 가까우니까 공항에서 힘들게 기다리지 말고 집에서 쉬고 라면이라도 먹고 가. 다시 시간 맞춰서 공항으로 데려다줄게~."

예의상 한 번쯤은 괜찮다고 거절할 법도 한데, 넙죽 받아버렸다.

공항에서 15분 정도 떨어진 아주머니의 집은 정말 예쁘고 한

초대 받은 아주머니의 집

아주머니가 끓여주신 따뜻한 라면

번쯤 살아보고 싶은 아름다운 주택이었다. 우리는 아주머니가 남아공에 살게 된 스토리, 살아가는 이야기 등 시시콜콜 계속 떠들며 시간을 보냈다. 그리고 뜻밖에도 여행 중에는 못 먹을 줄 알고 단단히 작별인사를 하고 온 라면과 하루 만에 재회할 수 있었다. 아주머니는 나를 공항으로 데려다주시면서 무슨 일 있으면 꼭 연락하라고 전화번호를 주셨고, 주말에 집에서 바비큐 파티를 하자며 또 한 번 초대해주셨다. 아주머니 덕분에 여행 첫날부터 특별한 기억을 남길 수 있었다. 배낭 커버는 돌이킬 수 없게 됐지만 말이다.

남아공 첫 날 이야기

남아공에서의 엉뚱한 기억들

아프리카 중 가장 처음 발을 디딘 남아공은 내가 그간 상상하던 '아프리카'의 모습과는 거리가 멀었다. 케이프타운의 건물들을 보니 유럽이 떠올랐으며, 해안선을 따라 달릴 수 있는 가든루트는 휴양지의 대명사인 동남아를 생각나게 했다. 또한 흑인과 백인이 함께 살아가고 있어 여러모로 다양함, 다채로움, 공존이라는 단어가 어울리는 나라였다.

남아공은 여행지로 이미 잘 알려진 만큼 유명 관광명소가 많다. 테이블마운틴, 희망봉, 펭귄비치, 가든루트 등……. 꼭 봐야 하는 관광명소만 꼽아도 손가락 다섯 개가 턱없이 모자라다. 나

또한 남아공에 있는 동안 놓칠세라 이 관광지들을 부지런히 둘러 봤다.

그런데 이상하다. 이런 멋진 관광지들을 보며 감탄을 실컷 했 는데도 불구하고 지금 나의 머릿속에 생생하게 남아 있는 남아공 에서의 기억은 참 엉뚱한 것들이다.

마트에서 제일 싼 음식을 포장해서 오빠들과 차 안에서 쭈그리 고 앉아 먹던 순간. 희망봉을 향해 걸어가다가 뺨이 시리도록 찬 바람을 맞으며 느낀 행복함. 휘핑크림 같은 흰 거품을 물고 슬로 우 모션처럼 느리게 치는 파도. 그리고 그 순간 자동적으로 카메 라를 내려놓고 바람을 느끼던 나의 모습.

가든루트 '나이스나'에서 본, 주황색도 아니고 분홍색도 아닌, 하늘만이 만들어 낼 수 있는 색깔의 일몰을 본 순간. 양 옆으로 푸 르게 펼쳐진 초원에 "윈도우즈 배경화면 같다", "아니다, 텔레토 비 동산 같다"며 오빠들과 논쟁을 펼치며 노래를 흥얼거리던 순

간. 테이블마운틴 절벽 끝에서 오빠들이 "세화 노래 한 곡 해~"라
고 해서 우렁차게 노래를 부르다 외국인들이 웃어서 민망해하던
그 순간.

'남아공' 하면 떠오르는 기억이 이런 것뿐이라니 참 희한하다.
때문에 누군가 "남아공에서는 무슨 일이 있었어?"라고 묻는다면,
나는 쉽사리 대답하지 못한다. 이런 순간순간은 나에게만 선명할
뿐 글로, 말로 상대에게 전할 수 있는 것이 아니다. 하지만 분명한
사실은 스무 살, 나를 여행에 빠지게 만든 '영국 밀레니엄 브릿지
위에서 바람을 맞던 그 순간의 행복함'과 비슷한 느낌의 순간들이
었다는 것이다.

나는 행복에 여러 종류가 있다고 믿는다. 남아공에서 느낀 행
복을 굳이 정의하자면, '나만 아는 행복'이라고 하면 적합하려나?
다른 사람에게 설명할 수 없기에 나만이 아는 이 감정은 일상

을 살다가도 번뜩번뜩 떠오르곤 한다. 그리고 이것들은 살아가는
데 꽤 큰 에너지로 작용한다.

앞으로 갈 여행에서는 또 어떤 새로운 행복을 발견할까?

아프리카에서 가장 높은 번지점프 체험기 :

남아공, 가장 아름다운 길 가든루트

남아공에 펭귄이 산다고? 펭귄 천국 보울더스비치

테이블 마운틴에서 겪은 일

내 모습 그대로,

나는 생각보다 말이 많다. 그래서 쓸데없는 말도 많이 하고, 노래를 더럽게도 못 부르지만 흥얼거리기를 좋아하며 바보 같은 면이 있다. 나의 이런 민낯을 아는 사람이 몇이나 될까?

요즘 따라 이런 생각이 많이 든다. 1년 전 어느 한 홍보대행사에서 인턴을 할 때, 처음 하는 회사 생활에 바짝 긴장한 채 말 한마디 한마디에 주의를 기울인 기억이 난다. 겨우 한 가지 일을 할 때도 머릿속에서 수십 가지 고민을 거듭한 후 조심스럽게 행동에 옮겼다. 혹시나 허점이 보일까봐, 또는 어리게 보이면 안 된다는 생각에 내 자신을 옥죄였고, 윗사람들이 참 어렵게 느껴졌다.

그렇게 내 모습을 꽁꽁 숨겨온 곳이기에 회사는 나에게 부담스럽기 짝이 없는 사람들이 모인 환경이었다. 그래서 그런지 인턴이 끝난 후에 나는 그 좋은 사람들과 인연을 이어가지 못했다.

하지만 지금 생각해보니 뭐가 그렇게 어려워서 눈치만 보고 다녔는지 모르겠다. 조금만 나를 내려놓으면 되는데 말이다.

"조금 어려도 괜찮다. 세상 모르고 천진난만해도 되는 나이다." 여행을 앞두고 이 말을 주문처럼 계속 되뇌었다. 그렇게 주문을 걸다가 만난 이번 여행의 첫 인연. 나는 오빠들에게 내 모습을 스스럼없이 보여주었다. 매일같이 오빠들의 만류에도 불구하고 노래를 실컷 불렀으며, 바보 같은 모습도 숨기지 않았다.

그렇게 우리는 3일 만에 수년간 친하게 지낸 사람들처럼 가까워졌고, 오빠들은 자신들의 다음 여행지인 이집트로 같이 가자고 나를 캐스팅하느라 바쁘다.

꾸밈없는 모습으로 나를 내려놓고 여행하니 하루하루 이렇게 즐거울 수가 없다. 왜 진작 한국에서 이러지 못했을까?

아무튼 이 주문 참 괜찮다.

"다른 사람에게 어떻게 보이든 괜찮아. 모두 내 모습 그대로를 더 좋아할 거야."

꼬지깐 버스에서 만난 할아버지

첫 번째 여행지, 남아공에서의 일정이 끝나고 나미비아로 떠나는 날 아침. 함께 다닌 언니 오빠들의 걱정을 한 몸에 받으며 버스에 올랐다.

"세화야, 너 돈 벌기 시작하면 나한테 연락해라."

"왜요?"

"사기 치기 제일 좋을 것 같거든."

이런!

하긴, 여행 내내 속이는 족족 다 속는 바보 같은 모습과 매일매일 여행 초보자 티를 팍팍 내고 다녔으니 혼자 떠나는 내가 걱정될 만도 하다. 그렇게 언니 오빠들과 마지막 인사를 나눴다.

이제 나는 떠나온 지 이주일 만에 비로소 혼자가 됐다. 케이프타운에서 스물두 시간 동안 버스를 타고 국경을 넘어 나미비아의 수도 빈트후크에 도착하는 일정이었다. 내 옆자리에는 나이가 지긋하게 든, 마치 유럽 어딘가에서 온 듯한 할아버지가 앉으셨다.

아늑한 창가자리에 앉아 다운로드해온 음악을 듣다가 지루해질 때쯤 바깥 구경도 하면서 여유로움을 즐겼다. 그러다 잠시 잊고 있던 사실이 떠올랐다. 나는 지금 아무런 정보도, 계획도 없이 말 그대로 무작정 가고 있다는 것을.

주섬주섬 가이드북을 꺼내들었다. 가이드북에서 나미비아 편을 찾아 열심히 읽고 있는데 옆자리 할아버지가 말을 걸어왔다.

"여행 중인거니?"

"네, 여행 중이에요."

"혼자?"

"네, 혼자요."

"직업이 뭐야?"

"아직 대학생이에요. 1년 휴학하고 아프리카 여행을 왔어요."

이런 소소한 대화를 주고받다 이야기가 끊임없이 이어졌다. 할아버지는 남아공 출신이며 업무 때문에 나미비아를 자주 오가고 있고, 어릴 때 나미비아에 꽤 오래 살아 나미비아가 고향 같은 곳이고, 기타를 치는 뮤지션이기도 하다고 했다. 내가 알아들은 건 딱 여기까지였다. 굉장히 많은 이야기를 하긴 했는데, 사실 반은 알아듣고 반은 못 알아들었다.

"나미비아에서 일정이 어떻게 되는데?"

"아직 일정이 없어요! 그냥 빈트후크에 있다가, 스와코프문트에 갔다가, 한국인 동행을 구해서 세슬림을 갈 거고, 에토샤 국립공원은 아직 고민 중이에요."

"그럼 빈트후크에서 어디서 머물 예정이야?"

"그것도 아직 몰라요. 하하……."

할아버지는 '대체 이 소녀가 무슨 생각으로 아무런 계획도 없이 가는 거지?' 하는, 약간은 놀란 듯한 표정을 비추다가 곧 자신의 핸드폰 메신저를 켰다. 그러고는 자신의 메신저 주소록에 있는 빈트후크에 사는 모든 지인에게 메시지를 보내기 시작했다.

내가 예쁘고 귀여운 코리안 걸을 만났는데, 아직 숙소를 정하지 못했대. 빈트후크에 있는 저렴하고 괜찮은 숙소 좀 소개시켜줘.

이것도 모자라 할아버지는 내 가이드북을 함께 보면서 한 시간 넘게 나미비아를 설명해주셨다. 어떻게든 도움을 주고 싶으셨는지 펜으로 책에 필기까지 해주면서 말이다.

"여기는 이게 좋고…… 이쯤에 뭐가 있고…… 여기는 정말 아름답고……."

알아듣지 못하는데도 연거푸 고개를 끄덕이며 알아들은 척을 하느라 혼났다. 영어를 그리 잘하지 못하는데다가 할아버지 특유의 영어 발음 때문에 더욱 알아듣기 힘들었기 때문이다.

중간에 멈춘 휴게소에서 내 간식거리와 함께 할아버지께 드릴 애플파이를 하나 더 샀다. 고마운 마음을 전하고 싶었다. 큰 선물은 못하지만 이정도 마음의 표시는 할 수 있으니까. 다시 차에 올라타 애플파이 하나를 할아버지께 건넸다.

"제 선물이에요!"

할아버지는 손을 절레절레 저으며 괜찮다고 했지만, 결국 받으셨다. 그리고 자신의 배낭을 뒤적거리더니 바나나 하나를 꺼내며 말했다.

"그래. 네가 나한테 선물 줬으니 나도 너에게 바나나를 줄게!"

음, 꽤 괜찮은 물물교환이었다.

버스는 저녁에 다시 한 번 휴게소에 멈췄다. 나는 화장실만 들렀다가 다시 자리에 앉았는데, 사람들 대부분이 모두 끼니가 될 음식을 사와서 자리에서 먹고 있었다. 알고 보니 이곳은 오늘 저녁의 마지막 휴게소였다.

'음식을 사올까?' 생각했을 때는 이미 늦은 느낌이었다. 괜히

지금 나갔다가는 버스가 나를 두고 떠날까봐 결국 저녁을 사지 못했다. 할아버지가 사온 감자튀김 냄새가 내 코를 간질였다.

'아 맛있겠다……' 하고 속으로 생각하는 그 순간,

"Do you want some?" 할아버지가 물었다.

'헐. 내가 방금 마음속으로 말한 게 들렸나?'

나는 웃으며 감자튀김 하나를 덥석 집어 들었고, 자신에게는 너무 많다며 더 먹으라는 말에 염치없이 싱글벙글 웃으며 몇 개를 더 집어 먹었다.

잠시 후 새벽. 나미비아 국경에 도착했다. 잘못한 건 없지만 국경심사는 항상 나를 긴장하게 만든다. 말 한마디 잘못했다가 국경에서 발이 묶일 수 있으니 말이다. 그러나 나미비아 국경에서는 할아버지를 쫄래쫄래 쫓아다니니 쉽게 통과할 수 있었다.

내가 떠나기 전날 숙소로 찾아 와주신 할아버지와 나의 동행들

나미비아는 국경 검사가 까다롭다는 소문을 들었는데, 역시나 한 사람 한 사람 모두의 짐을 다 풀고 확인하느라 국경에서 꽤 오랜 시간을 보내야만 했다. 칠칠맞게 가방 문이 열린 채로 서있는 나에게 와서 "조심해야 해!"하며 가방을 손수 닫아주는 할아버지. 시작부터 이런 따뜻한 분과 만나다니. 나미비아, 느낌이 좋다..

우리는 나미비아에 도착한 후 바로 헤어졌다. 하지만 렌트 여행을 떠나기 전 날, 할아버지는 이날이 내가 빈트후크에서 머무르는 마지막 날임을 뒤늦게 알고 저녁 늦게 오토바이를 타고 부랴부랴 내 숙소로 달려오셨다. 할아버지, 그리고 동행하기로 한 언니 오빠들과 우리는 밤이 늦도록 백패커스(도미토리가 있는 게스트하우스)의 야외 마당에서 시끌벅적하게 맥주잔을 기울이며 한참동안 이야기를 나눴다.

여행하다 보면 가끔은 이렇게 우연히, 갑자기 만난 인연이 의외로 끈질기고 깊은 인연이 되기도 한다.

"부모님이 허락해주셨어요?"

여행하면서 가장 많이 들은 말 중 하나가 "부모님이 허락하셨어요?"였어요.

흔치 않은 여행길을 선택해서 그런지 많은 사람들이 부모님이 허락하신 게 신기했나 봐요.

사실 저는 따로 허락은 받지 않았답니다. 부모님께는 죄송하지만 일방적으로 통보했어요.

저희 엄마는요, 어렸을 때부터 전국 노래자랑에 나가 텔레비전을 받아 올 정도로 노래를 잘하셨고, 그래서 성악가를 꿈꿨지만 급격히 기울어지는 집안 형편 때문에 꿈을 포기하셨다고 해요.

이런 어렸을 적의 아픔과 아쉬움이 아직 마음에 남아서인지 저에게는 제가 하고 싶은 일이 무엇이든 적극적으로 지지해주셨어요. 사실 제가 공부보다는 춤추기와 놀기를 좋아해 걱정하실 만도 한데, 엄마는 저에게 쓴 소리 한 번을 하신 적이 없습니다.

언니가 공부를 잘해서 공부 쪽은 언니에게 기대를 거신 것 같고, 저는 언니 덕분에(?) 보다 자유로운 환경에서 자랐다고 생각해요. 학원도 제가 보내달라고 해서 갔지 한 번도 억지로 다녀본 적 없거든요. 그래도 욕심은 있었는지 시험 때마다 열심히 공부하고 반장 자리 같은 감투는 놓치지 않았던 것 같아요(생각해보니 엄마는 제가 공부길로 갈 애가 아니라는 판단을 일찍 하셨을 수도 있겠다는 생각이 드네요^^).

저는 엄마가 터치를 하지 않아도 야무지게 제 할 일을 곧잘 하던 그런 딸이었습니다. 그런데 한 번은 중학교 때 놀이터에서 친구 밀가루 생일파티를 하다가 학생부에 불려가서 부모님께 전화가 간 적이 있었어요. 얼마나 혼날까 벌벌 떨며 집에 갔는데 엄마는 호통 한 번 치지 않으시더라고요. 이렇게 첫 번째 실수는 조용히 눈감아 주시는 그런 어머니셨어요.

이렇게 저희 엄마는 어떤 상황이든 제 편에 서서 제가 하고 싶은 일을 응원해주고, 지켜봐주고 믿어주셨어요. 행여나 제 앞에 걸림돌이 생긴다면 조용히 치워주실 뿐이었죠.

아마 엄마의 펼치지 못한 꿈을 생각해 저에게는 하고 싶은 것을 마음껏 하게 해주고 싶은 그런 마음이지 않을까요? 이런 엄마이니 저의 여행길을 막을 리 없었죠. 누구보다 마음 졸였겠지만, 그래도 엄마는 제 여행을 지지해주셨어요.

저희 아빠는요, 어릴 때는 가끔 호랑이 같아서 제가 가장 무서워하는 사람이었어요. 엄마는 천사 역할, 아빠는 악마 역할이라고 생각했죠. 언니는 가끔 아빠에게 대들다가 매를 맞기도 했는데, 저는 겁쟁이여서 단 한 번도 대들지 않고 혼나지 않으려고 항상 눈치 빠르게 행동했어요. 그래서인지 아직도 빠른 건 눈치밖에 없답니다.^^

가끔 아빠를 보면 제 인생을 멀리서 바라보는 신 같다는 생각이 들 때가 있어요. 연속으로 실패를 겪은 대학 입시 시절에 처음 그랬어요.

수시 원서를 여섯 개 넣었는데 그중 다섯 개가 연속으로 떨어졌거든요. 타들어가는 마음에 며칠을 혼자 독서실에서 눈물을 삼키며 보냈는데, 아빠는 결국 제가 붙을 거라는 미래를 보기라도 하신 듯 걱정도 위로도 하지 않고 묵묵히 지켜보시더라고요. 다행히 마지막 학교에 합격했어요.

나중에 엄마에게 들었는데, 아빠가 엄마에게 이렇게 말씀하셨대요.

"난 걱정 하나도 안 돼. 당신도 걱정하지 마! 세화는 붙어"라고요.

그리고 수능이 끝난 겨울 방학, 언니가 유럽에서 교환학생이 끝나고 여행 중이니 저도 이참에 유럽으로 여행을 다녀오라고 아빠가 권하셨어요.

'비행기 자체도 처음인데 무슨 유럽이야?'

상상도 못한 일이었고 무섭고 두려운 마음에 바로 거절했어요. 그런데 아빠가 일주일 내내 퇴근 후 저에게 와서 경비를 조금 보태줄 테

댄스동아리 언니들과 대만 댄스버스킹 여행

니 계속 여행을 가라고 설득하셨답니다.

"이 바보 같은 것이 가라할 때 가지. 아빠 말 들어라. 지금 아니면 기회도 없어."

이렇게까지 말씀하셨는데도 제가 계속 거절하니 결국 아빠는 답답했는지 소리를 치셨고, 그때 약간 쫄아서(?) 그냥 알겠다고 하고 가기로 결정했어요.

그렇게 대학 입학 전 첫 여행을 영국으로 혼자서, 스페인부터는 언니와 함께 3개국 여행을 했어요. 언니에게는 비밀이지만, 지나고 보니 언니랑 같이 다닌 스페인, 프랑스보다 혼자 간 영국에서의 기억이 정말 진하게 남았더라고요. 여행의 재미를 알게 된 계기였어요.

그래서 1년 후 동남아 일주를 혼자 했고, 여행을 몇 번 해보니 못갈 곳은 없다는 자신감이 생겼어요. 그래서 어쩌다보니 히말라야 등반에 도전했고, 정신차려 보니 아프리카 여행을 다녀왔네요.

인도네시아 교육봉사 때

여행하면서 하도 사람들에게 "부모님이 뭐라고 안하셔?"라는 질문을 받아서 한 번은 저도 궁금해져서 아빠에게 물어봤어요.

"아빠! 아빠는 나 아프리카 가는 거 왜 허락했어?"

"난 안 보내고 싶었는데, 쩝."

아, 맞다. 나 허락을 구한 게 아니라 통보를 했지!

아빠에게는 항상 이렇게 말해요. 이게 다 아빠 때문이라고! 그러니 아빠는 할 말이 없을 게 분명해요. 직원들한테 딸년이 무슨 아프리카까지 간다면서 하소연했다고 하지만, 전 분명 어디선가 자랑스럽게 말할 걸 알아요.

결국 또 제 인생에 잊지 못할 큰 경험이 될 것을 아셨기에 묵묵히 보내주신 거겠죠?

이런 배경이 있었기에 저희 엄마아빠는 저의 여행을 막지 않으셨답니다.

Republic of Namibia

나미비아

Photo by Chihun

멍청이 최세화!

스물두 시간 동안 버스를 타고 드디어 나미비아의 수도 빈트후크에 도착했다. 버스에서 내 옆자리에 앉았던 남아공 할아버지와 연락처를 주고받은 후 작별인사를 나눴다. 그리고 내리자마자 핸드폰 지도에 남아공에서 동행한 오빠들이 추천해준 '카멜레온 백패커스' 위치를 찍었다. 택시를 타면 2분 거리지만 걸으면 25분이 걸리는 거리였다. 평소라면 고민도 않고 걷기 시작했겠지만, 오늘따라 유난히 무겁게 느껴지는 배낭 때문에 잠시 멈춰 어떻게 할지 고민하고 있었다. 그 순간, 한 택시기사가 나에게 다가왔다.

"택시 찾아? Come on Come on~. 내 택시 타! 저렴하게 해줄게!"

"그래? 내가 가려는 곳은 여기야. 엄청 가까워! 보이지? 여기까지 얼마야?"

핸드폰에 찍힌 지도를 보여주며 초롱초롱한 눈빛을 발사했다.

"투웬티 달러."

뭐? 얘가 날 멍청이로 아나⋯⋯. 무슨 2분 거리를 20달러에 후려쳐? 참나.

'내가 멍청이로 보여?' 하는 표정으로 정색하고 거절하니 "오케이 텐 달라 텐 달라~"라고 할인을 해줬다.

10달러면 한국 돈으로 만 원이 넘는 돈. 내가 하루를 버티고도 남는 돈이다. 결국 나는 그에게 원망스러운 눈초리를 보내며 "No. I can walk!"를 외치고 패기 넘치게 걷기 시작했다.

혹시나 소매치기를 당할까 봐 가슴팍에 딱 붙은 힙색에서 핸드폰을 넣었다 꺼냈다를 반복하며 겨우 지도를 보며 걷고 있었다. 25분 정도 되는 거리였기 때문에 꽤 오래 걸어야만 했다.

그런데 갑자기 어느 길목에서 절뚝절뚝 다리를 저는 어떤 한 남자아이가 나에게 다가와 구걸을 했다.

"Sorry⋯⋯."

그의 구걸에 나는 미안한 표정을 지으며 정중히 거절하고 갈 길을 가고 있었다. 그런데 이 놈, 정말 끈질기게 나를 따라온다. "쏘리"를 다섯 번도 넘게 외치고 걷는 속도를 빠르게 바꾸어 보았지만 소용없었다.

"Please!"를 반복하며 귀찮게 계속 따라오는 남자아이에게 결국 나도 참지 못하고 "Please(제발 가줘. 나도 힘들어죽겠어)!"라고 언성을 높였다. 그런데 잠시 후 뒤를 돌아보니 아이와 같은 무리처럼 보이는 남자들이 어수선하게 서 있었고, 자기들끼리 무언가를 하는 건지 굉장히 분주해보였다.

귀찮게 구는 남자아이를 가까스로 떼어내고 빠른 걸음으로 걷고 있는데 갑자기 옆에 불쑥 누군가 와서 이렇게 말했다.

"조심해. 뒤에 있는 남자애들이 너를 쫓고 있어. 여기는 혼자 다니면 절대 안 되는 곳이야. 꼭 둘 이상 다녀야 해! 쟤네가 널 노리고 있어."

순간적으로 이 사람마저 의심할 뻔 했지만, 깔끔하게 차려입은 제복이 나를 안심시켰다. 그는 나에게 조심하라고 주의를 주면서 지역경찰 번호를 알려주고 그놈들이 아예 보이지 않을 때까지 함께 걸어줬다. 정말 고마웠다.

저녁도 아니고, 아침 아홉 시에 이런 아찔한 일이 있다니! 심지어 나중에 보니 배낭 겉주머니 지퍼가 열려 있었다. 이럴 수가. 하지만 소름은 잠시뿐, '그 주머니에 중요한 거 하나도 없는데. 너네 잘못짚었다, 바보들아!'라고 속으로 비웃어줬다. 그리고 아무 일도 일어나지 않았음에 감사하며 마음을 쓸어내렸다.

그렇게 힘겹게 걸어 카멜레온 백패커스에 도착했다. 그런데 문제가 생겼다. 오늘은 이미 예약이 다 차서 내가 묵을 방이 없다고 했다. 절망적이었다. 내일부터는 자리가 있지만 오늘은 절대 없다고.

'아, 어쩌지. 내가 여기까지 어떻게 걸어왔는데⋯⋯.'

그러다 차선책이 떠올랐다. 창피하지만 철판 깔고 '묻기라도 해보자!' 하는 마음으로 카운터로 다시 향했다.

"저기……, 진짜 안 되는 거야? 나 로비에 있는 저기 저 쇼파에서 하루만 자면 안 돼? 그리고 내일부터 도미토리로 옮길게. Please."

"Sorry. 그렇게 해줄 수 없어."

"그러면 혹시 주변에 있는 다른 백패커스를 추천해줄 수 있어? 여기 말고는 다른 곳을 모르거든."

결국 직원에게 다른 숙소를 추천받았다. 그런데 그곳은 내가 온 길을 그대로 다시 가서 한참을 돌아가야 하는 곳이었다. 오 마이 갓.

"혹시 여기서 거기까지 택시타면 얼마가 나와?"

"나미비아 텐 달라."

응? 나미비아 텐 달러는 뭐지? 잠시 와이파이를 빌려 검색해보았다. 그리고 곧 내 멍청함에 띠용~ 한 대 맞은 듯한 느낌이 들었다.

나미비아의 화폐 단위도 '달러'였던 것이다. 미국 달러가 아니라 나미비아 달러라고. 나미비아 1달러는 88원 정도이니 10달러면 880원이었던 것이다.

아……. 처음 도착하자마자 나한테 붙은 택시기사도 나미비아 텐 달러라고 한 건데 내가 혼자 미국 달러로 오해하고 사기꾼 취급을 한 것이다. 결국 880원을 아낀다고 25분 동안 걷다가 위험한 상황에 노출된 거다.

　나 진짜 멍청하다.

　아무리 이번에는 계획 없는 여행을 즐기기로 했다지만, 기본적인 정보마저 모르고 입국하다니. 계획 없는 여행은 즐겁지만, 정보 없는 여행은 고생은 고생대로 하고 멍청이가 되는 지름길이구나. 앞으로는 도착할 나라에 대한 기본적인 정보는 사전에 필수로 조사해야겠다.

흔한 나미비아 백패커스

첫 카우치서핑 (Couchsurfing)

나는 다른 나라를 갈 때마다 항상 현지인의 생활이 참 궁금했다. 그리고 짧게라도 그들의 삶에 녹아 들어 느껴보고 싶었다.

2년 전, 인도네시아 해외봉사를 갔을 때 내가 가르치는 아이들의 집에서 하루를 묵으며 현지 체험을 하는 일정이 있었다. 하루뿐이었지만 아이들과 늦게까지 좁은 골목에서 '무궁화 꽃이 피었습니다'를 하며 놀다가 밥 먹을 시간이 되면 집에 들어가 밥을 먹고 그들의 가족과 즐거운 시간을 보냈다. 이 시간은 나에게 굉장히 진한 기억을 남겼다. 그래서인지 그 후로 여행을 간다면 현지인과 함께 지내보자는 욕구가 생겼고, 특히 아프리카는 내가 생각할 수 있는 가장 먼 땅이기에 지구 반대편에서 살아가는 사람의 삶이 더욱더 궁금했다.

카우치서핑. 카우치서핑은 여행자들이 잠을 잘 수 있는 '소파'를 '찾아다닌다'라는 뜻으로, 현지인이 여행자에게 숙박을 무료로 제공하며 문화교류를 하는 꽤 큰 세계적인 커뮤니티다. 이 카우치서핑은 나의 현지 체험 욕구를 충족시켜주면서 동시에 숙박비를 아낄 수 있어 일석이조였다.

그래서 나는 나미비아에서 첫 카우치서핑을 하기로 결정했다.

사실 빈트후크는 나에게 딱히 매력적이지 않았다. 남아공에서도 줄곧 본 큰 마트와 편의시설, 그리고 좋은 숙소들. '나미비아' 하면 떠오르는 허허벌판, 사막, 황량한 이미지와 달리 빈트후크는 도시 그 자체였다. 그래서 빈트후크에 도착한 바로 다음 날, 나는 빈트후크를 떠나 나미비아의 해변도시인 스와코프문트로 넘어가기로 결심했다. 나미비아에 도착하자마자 만난 세계여행자 의환 오빠와 함께 말이다.

더워서 죽을 것 같은 미니버스를 타고 네 시간을 달려 스와코프문트에 도착했다. 우선 의환 오빠가 묵을 백패커스에 따라가서 그곳 직원에게 휴대폰을 빌려 호스트에게 전화를 걸었다. 내 호스트인 '스파노'는 전화를 받고 금방 택시를 타고 데리러 와줬다.

사실 카우치서핑은 여행자에게 좋은 프로그램이긴 하지만 자칫하면 위험한 상황에 처할 수 있기 때문에 호스트를 정할 때 신중에 신중을 기해야 한다. 여자라면 더 그렇다. 내가 호스트를 정한 기준은 이렇다.

1. **최근에 로그인했는가**: 오랫동안 활동하지 않은 사람도 많으므로 답장을 빠르게 받고 싶다면 검색 설정을 '최근 로그인 시간' 으로 해두는 편이 좋다.
2. **호스트를 해 본 경험이 있나?**: 그 경험이 몇 번인지는 나에게 중요하지 않았다. 새내기 호스트일 수도 있으니까! 하지만 경험이 아예 없는 사람은 걸렀다.
3. **사람들의 평가는 어떤가?**: 가장 중요하다.

스파노는 1번과 2번을 충족했고, 다른 여행자들의 평이 그를 호스트로 정하는 데 결정적인 역할을 했다.

"스파노 가족은 모두 친절하고 정말 좋아요. 그의 아버지는 바를 운영하시고, 어머니와 다른 가족들 모두 친절했어요. 스파노가 로컬 식당도 데려가줬고, 그 덕분에 최고의 추억을 남기고 왔어요."

'오! 가족과 함께 사는 집이구나. 딱이다!'

나는 스파노에게 요청 메시지를 보냈고, 그는 당장 3일 후에 간다는 나를 흔쾌히 받아들였다.

택시를 타고 중심부에서 조금 떨어진 마을에 도착했다. 10분 정도 달렸을 뿐인데 스와코프문트 중심가와는 분위기가 확연히 다른 허름한 마을이 나왔다. 택시에서 내리자마자 시끌벅적한 바가 있고, 바 안쪽으로 난 미로 같은 좁은 길을 따라 들어가니 한 구석에 스파노의 집이 있었다. 그런데 나는 곧 적잖게 당황할 수밖에 없었다.

문을 열고 보니 5평 남짓 돼 보이는 원룸이었다. 방 가운데에 큰 퀸사이즈 침대가 있고 그 밑 한구석에 매트리스가 따로 있었다.

"여기가 내 집이야. 이 침대는 내 침대고, 너는 여기 매트리스를 쓰면 돼! 이불도 있으니 춥지는 않을 거야. 짐 풀고 편하게 있어도 돼! 나 일단 씻고 나올게. 저녁 먹으러 가자. 아주 좋은 로컬 식당에 데려가줄게."

가족이 함께 살고 있는 집이라고 생각한 나는 원룸이라 당황했지만 허름한 잠자리에 미안해하는 그의 모습을 보고 당황스러운 표정을 열심히 숨겼다. 사실 엉덩이만 닿으면 잘 자는 타입이라 잠자리가 어떤지는 그다지 중요하지 않았다. 그래서 '설마 무슨

일 생기겠어? 근데 원래 아프리카 카우치서핑은 다 이런가?'라고 생각하며 짐을 풀었다.

스파노가 씻고 나오면서 "세화, 씻으려면 여기 화장실 쓰면 돼"라며 화장실을 가리켰다. 소변만 보고 나가야겠다 싶어 화장실로 들어간 순간, 당황해서 어영부영 손만 씻고 나와 버렸다. 변기가 엉덩이를 대고도 떼고도 쌀 수 없는 최악의 상태였기 때문이다. 그냥 내일 아침 눈뜨자마자 의환 오빠가 묵는 백패커스에 가서 볼일을 봐야겠다고 결심하고 그때부터 미친 듯한 정신력으로 오줌 참기를 시작했다.

나미비아 로컬 식당에서 시킨 특이한 음식

이 날 저녁은 스파노가 데려가 준 로컬 식당에서 희한한 전통음식으로 배를 채웠다. 식당에 가니 스파노의 친구들이 모여 있었다. 나미비아로 6개월간 파견을 온 독일 여자, 세계여행 중인 인도남자, 쾌활함의 끝을 보여준 흑인 여자, 모두 스파노의 친한 친구들이었고 우리는 그렇게 맥주를 들이키며 이야기꽃을 피웠다. 영어가 짧아 대화에 활발하게 끼지는 못했지만 그들은 모두 좋은 사람이었고, 그의 주변 사람을 만나보니 스파노가 나쁜 사람은 아닐 것이라는 확신이 들었다. 앞으로 내게 무슨 일이 닥칠지도 모르고 말이다.

카우치서핑의 새드 엔딩

그들과 헤어지고 다시 스파노의 집으로 돌아가는 길이었다. 스파노가 사는 동네는 밤새 시끄러운 바가 도로변에 있고, 그 안쪽으로 집이 펼쳐져 있는 특이한 구조의 마을이었다. 내가 바에 관심을 보이니 그가 "바에 가볼래?" 하며 나를 데려갔다.

아프리카 특유의 사운드 빵빵한 레게 느낌의 음악에 맞춰 모두가 희한한 개다리 춤 스텝을 현란하게 밟고 있었다. 나미비아에는 굉장히 많은 부족이 있는데, 그중 이쪽에 사는 부족 사람들의 전통 춤이라고 한다. 나름 어릴 때부터 춤을 좋아하던 나는 이런 곳에 오면 금방 음악에 맞춰 몸을 흔들곤 했는데, 여기 있는 사람들은 내가 흉내 내기도 어려운 현란한 스텝을 밟고 있었다. 그래서 가장 멋들어지게 춤을 추는 남자애에게 가서 춤을 알려달라고 해

잠시 배워봤지만, 결국 내가 추는 춤은 그들과 다른 '정신없는 개다리 춤'일 뿐이었다.

바깥에는 스파노의 친형, 그리고 그의 친구들이 술잔치를 벌이고 있었다. 스피커를 터뜨릴 듯 음악이 울리는 밖에서 우리는 엉거주춤하게 서서 대화를 하고 있었다. 그런데 파랑색 옷을 입은 술에 취해 동공이 한껏 풀린 놈이 나에게 다가와서 눈을 찢으며 "칭총! 칭총!(중국인을 비하하는 놀림 말 또는 동양인 전체를 비하할 때 쓰는 인종차별적 표현)" 하는 것이다. 순간 확 짜증이 났지만 스파노가 곧장 그 친구에게 대신 뭐라고 말하며 나와 멀리 떨어트려줬다.

내 기분을 눈치챘는지, 스파노가 나에게 여기서 더 놀고 싶은지, 들어가고 싶은지 물었다. 나는 들어가고 싶다고 대답했다. 그런데 스파노는 친구들과 더 놀고 싶었는지 나를 집에 데려다주고 잠시 후 나에게 친구들과 밖에서 조금 더 놀다가 오겠다고 말하고 나갔다.

"문은 내가 잠그고 갈 테니까 걱정하지 마~."

오히려 편하고 좋았다. 이불 속으로 쏙 들어가서 나미비아 관련 예능 프로그램을 보며 혼자만의 시간을 즐기다 잠이 들었다.

몇 시간이나 지났을까. 문이 열리는 소리에 잠에서 깼다. 핸드폰으로 시간을 확인해보니 새벽 다섯 시였다. 헤엑?

"스파노, 지금 다섯 시야! 술 먹고 한참 놀다왔구나?"

"응. 근데 술은 별로 안 마시고 그냥 친구들하고 놀다 왔어~. 자고 있었구나. 미안."

"와~, 너 안 피곤해?"

새벽 다섯 시까지 놀다 온 체력이 대단해서 인사차 물었다.

이때부터였다. 내가 3일 묵기로 한 일정을 스파노에게 이런저런 거짓말을 하며 취소해버린 이유가 시작된 것이.

"응, 안 피곤해."

"그렇구나."

"세화~, 나 하나도 안 피곤해~!"

갑자기 스파노가 음흉한 눈빛을 보내는 게 아닌가. 순간적으로 당황해서 "응. 근데 나는 좀 피곤해. 잘 자" 하고 말을 끊었다. 그런데 스파노가 계속 말을 걸어왔다.

"세화, 너 너무 아름다워. 한 번만 포옹하면 안 돼? 그냥 포옹이야. 너같이 아름다운 사람 처음 봐. 내 부인이면 좋겠어."

웃으면서 "나는 그러고 싶지 않아"라며 대답을 회피했지만 이내 상황이 심각해졌다.

"너 흑인이랑 키스해본 적 있어?"

"아니? 그럴 리가."

"흑인이랑 키스하는 거 어떻게 생
각해?"

"아무 생각 없는데?"

"나 굿 키서야."

I'm a good kisser.

굿. 키. 서.

가족과 함께 사는 집이라고 혼자 착각하고 재확인을 못한 내 잘못이지. 착하고 유머 있는 스파노의 사소한 배려가 나를 참 편안하게 해줬는데, 그의 좋은 이미지가 와장창 깨지고 거부감이 들기 시작했다. 사실 직감적으로 '위험한 사람'이라고 느껴지진 않았다. 그냥 웃기고, 드립 잘 치고, 기회를 엿보는 능글맞은 놈이라고 생각했다. 그러나 나는 성적인 발언을 하며 능글맞게 구는 행동을 장난으로 받아들이고 웃어넘길 만큼 쿨하지 못했다.

더 이상 여기에 있고 싶지 않았다.

해가 뜨자마자 동행과 만나기로 했다면서 중요한 짐만 챙겨서 택시를 타고 시내로 갔다. 그는 내가 탈 택시를 손수 잡아주고, "짐 조심하고, 다시 돌아올 때 전화해. 택시 보내줄게"라며 친절하게 배웅해줬다.

의환 오빠가 묵는 백패커스에 도착해서 참던 오줌을 싸고, 이

날은 집처럼 편안한 이곳 로비에서 하루 종일 늘어져 여행기록을 정리했다.

저녁 일곱 시쯤 됐을까. 돌아갈 때가 돼 숙소 직원에게 전화를 빌려 스파노에게 전화를 걸었다. 이때 사실 후회가 밀려왔다. 아, 그냥 아침에 모든 짐을 챙겨서 나와버릴걸. 하지만 그 당시엔 핑계를 생각할 틈도 없이 빨리 나가고 싶은 마음뿐이었다.

두 번 정도 통화를 시도했을까. 그는 전화를 받지 않았다. 불안과 안심, 정반대의 감정이 교차했다.

'아싸. 오늘 여기서 묵는 게 더 좋은데 차라리 잘 됐다. 스파노가 전화를 받지 않은 거니까. 차라리 계속 전화 안 받으면 좋겠다! 아, 그런데 내 짐은? 내 모든 짐이 거기 있는데……'

결국 더 늦은 저녁이 돼서야 스파노에게서 다시 전화가 왔다. 친구들이랑 노느라 전화를 못 받았다고. 나는 이때다 싶어 "오늘

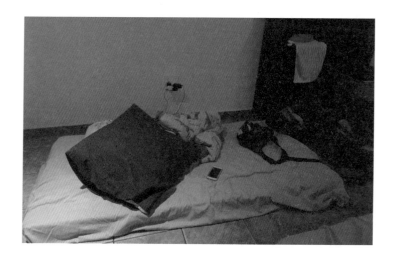

너무 늦어서 이동하기 좀 그러니까 오늘 여기서 자고 내일 아침에 짐만 찾으러 갈게~"라고 말하고 전화를 끊었다.

그렇게 칫솔도, 옷도 아무것도 없는 상태로 하루를 백패커스에서 묵었다. 그래도 화장실을 갈 수 있음에 얼마나 감사했는지.

다음날, 나는 의환 오빠에게 간절한 눈빛을 보내며 말했다.

"오빠……, 나 좀 무서워서 그런데 교통비랑 다른 비용 모두 내가 낼 테니까 같이 가주기만 하면 안 돼요?"

다행히 오빠는 흔쾌히 나랑 같이 가줬다.

그런데 희한한 상황이 벌어졌다. 스파노가 내 배낭을 자신의 집이 아닌 집 근처의 어머니가 운영하는 가게에서 찾아준 것이다. 그에게 정황을 들어보니 어제 새벽에 술에 취한 누군기가 문을 부수고 들어와 자신의 노트북을 훔쳐갔다는 것이다. 아침에 상황을 보고 놀라서 우선 내 배낭을 대충 수습해서 어머니 가게에 맡겨놓았다고 한다.

"잃어버린 물건 없는지 잘 확인해봐."

그는 노트북을 잃어버려 기분이 매우 안 좋아 보였다.

'아, 천만다행이다. 아침에 중요한 물건만 모두 챙겨서 나온 게 신의 한수였구나.'

옷, 수건, 비상약 등이 든 배낭에는 크게 중요한 물건이 없었기에 잃어버린 물건이 없는지 잘 보라는 스파노의 말에 대충 배낭을 훑어보고 "응, 난 잃어버린 거 없어!" 하고 세상 잃은 표정으로 돌아다니는 스파노를 위로했다. 배낭 안에 에어캡으로 감싸 놓은 고성능 카메라 렌즈가 있었다는 사실을 까마득히 잊고 말이다.

일주일 후, 사파리에서 카메라 렌즈를 갈아 끼우려고 렌즈를 찾는데 그 어디에도 렌즈가 없었다. 그렇게 나는 동물들을 카메라에 담기도 전에 사파리에서 사용하려고 가져온 렌즈를 잃어버리고 말았다. 나중에 이 이야기를 들은 몇몇 사람들은 '스파노가 꾸민 계략'일 것이라고 말했다. 아직도 진실은 모른다. 진실은 어디에?

카우치서핑 스토리

거짓말 같아

"거짓말 같아……."

<라이온킹>에나 나올법한 장면이 내 눈앞에 펼쳐지는 순간, 입이 떡 벌어졌다. 오스트리아에 사는 하영 언니, 자전거여행자 치훈 오빠, 세계 여행 중인 의환 오빠 그리고 나. 이렇게 네 명이 나미비아 렌트 여행을 시작한 지 3일째 되는 날이었다.

워터 홀(물웅덩이)에 물을 마시러 모인 각종 동물이 서로 비밀스러운 눈치 싸움을 벌이고 자태를 뽐내며 목을 축인다. 스프링복, 얼룩말, 기린, 코끼리 등 내 시야에 여백이 거의 없을 정도로 많은 동물이 있었다.

아프리카 3대 사파리라는 나미비아 에토샤 국립공원. 이곳은 아프리카의 다른 사파리와 달리 직접 차를 몰고 게임드라이브(차

를 타고 사파리에서 동물을 구경하는 것)를 할 수 있는 유일한 곳이다. 하지만 게임드라이브도 운이 잘 따라야 한다. 운에 따라 하루 종일 시시한 구경이 될 수도 있고, 잘하면 운이 좋아야 볼 수 있다는 사자와 코뿔소를 잔뜩 볼 수도 있기 때문이다.

첫날, 에토샤 국립공원에 들어서자마자 우리 차 앞을 가로질러 걸어가는 얼룩말을 보고 흥분해 목소리를 높이며 그 자리에 멈춰서 카메라 셔터를 한참이나 눌러댔다.

"와, 얼룩말이 우리 바로 앞에 있어. 대박! 만지고 싶다!"

하지만 반나절도 지나지 않아 얼룩말이 이 공원에서 가장 흔한 동물임을 안 후로는 얼룩말 따위에는 반응도 하지 않았다.

게임드라이브가 지루해질 무렵, 사자 보고 싶다고 노래를 부르던 우리의 간절한 마음이 들린 걸까? 건너편 스팟에 차가 몇 대 서 있었고, 차에 탄 사람들은 창문으로 고개를 최대한 내밀며 숨을 죽이고 있었다.

게임드라이브를 하다 보면 스팟에 모여 있는 사람들의 분위기만 봐도 '저기 뭔가가 있구나'를 알고 뒤쫓아갈 때가 있는데, 이번에도 딱 '뭔가 있구나' 하는 느낌이 왔다.

가까이 가보니 무려 사자 세 마리가 드넓고 황량한 초원을 천천히 걷고 있는 것이 아닌가! 우리는 창문으로 고개를 내밀 수 있을 만큼 한껏 내밀고 혹시 사자가 우리의 인기척에 도망갈까 숨죽이며 지켜보고 있었다.

그런데! 갑자기 민망한 상황이 펼쳐졌다.

수사자가 암사자 엉덩이 뒤쪽에 번쩍 올라탔다. 짝짓기를 시작한 것이다. 와! 사자 보는 것도 신기한데 짝짓기 하는 장면이라니. 하지만 아쉬울 정도로 빠르게 끝나버린 사랑나누기 장면에 우리는 차 속에서 앵콜을 외쳐댔다. 우리의 앵콜 요청을 친절히 들어주는 듯 수사자가 곧 한 번 더 암사자에게 작업을 걸었다. 하지만

이들의 러닝타임은 원래 3초밖에 되지 않는 것인지, 아니면 암사자가 오늘은 내키지 않았던 것인지 첫 번째, 두 번째 사랑나누기 모두 3초 안에 아쉽게 끝났다. 암사자가 무언가 불편한지 으르렁 화를 내면서 말이다.

3일간의 게임드라이브는 완벽하게 성공적이었다. <라이온킹>을 그대로 재연해놓은 듯한 에토샤 국립공원.

"와, 거짓말 같다"라고 계속 감탄하며 다음 생에 동물로 태어나면 뭐로 태어나고 싶냐는 둥 언니 오빠들에게 이상한 질문을 하면서 나 혼자 상상의 나래를 펼쳐봤다.

자연이 만들어낸 이런 거짓말 같은 황홀한 풍경에 한껏 취하면서 말이다.

Photo by Hayoung

고정관념 열매

게임드라이브를 마치고 캠핑장으로 향하는 길.

"우리 저기 한 스팟만 더 들렀다 갈까?"

우리는 마지막 게임드라이브의 아쉬움을 이기지 못하고 캠핑장으로 가면서도 몇 군데 스팟을 더 거쳤다.

그런데 이럴 수가. 여유를 부리다가 캠핑장으로 가는 국립공원 출구 문이 모두 닫혀버렸다. 밖은 이미 어두워져 희미한 불빛밖에 보이지 않았다.

"헐, 어떡하지? 우리 여기 못 가면 1인당 300달러짜리 숙소로 가야 해."

큰일이었다. 1인당 300나미비아 달러면 한화로 약 27,000원. 우리에겐 예상치 못한 큰 지출이었다.

"기다려 봐!"

하영 언니가 갑자기 차에서 내려서 쇠사슬로 단단히 묶인 철문 앞으로 갔다. 그리고 잠시의 망설임도 없이 벌어지는 문틈으로 머리를 집어넣었다.

"내가 갔다 올게!"

볼수록 신기한 언니다. 30대 중반이지만 20대 초반 못지않은 밝은 에너지를 가진, '젊게 산다는 건 이런 거구나'를 똑똑히 보여 주는 사람이었다. 무슨 상황이든 일단 부딪쳐 보고, 안될 것 같은 일도 되게 만드는 사람. 그래서인지 언니와 같이 다니면 항상 재미있는 일이 따르곤 했다.

의환 오빠가 하영 언니를 뒤따라갔고 나와 치훈 오빠는 차 안에서 기다렸다. 하영 언니가 앞에서 뛰어 놀고 있는 아이들에게 물어보니 이 문을 열려면 반대쪽 경찰서에 가서 부탁을 해야 한다고 했단다.

"기다려 봐!"

철장 반대편에서 언니 오빠의 목소리가 들렸다.

잠시 후, 하영 언니랑 의환 오빠가 경찰들과 함께 등장했다. 와우, 구세주! 다행히 경찰들이 쇠사슬을 풀어 문을 열어주었고, 덕분에 우리는 가기로 한 캠핑장에 뒤늦은 체크인을 할 수 있었다.

"아, 배고파 죽을 것 같다 진짜."

다들 배고픔을 호소하며 빠르게 텐트를 쳤다. 며칠 전에 엄청난 고민 끝에 산 45,000원짜리 주황색 텐트는 작지만 뚝딱 세우기

간편한, 너무나도 아늑한 나의 집이었다.

오늘도 역시 바베큐 파티를 열었다. 장작을 꺼내 불을 피우고, 가장 천천히 익는 닭고기를 먼저 불 위에 올린 후 감자를 불구덩이에 넣는다. 닭고기, 소고기, 삼겹살, 소시지, 쌈……. 오늘은 저녁이 늦어진 만큼 배가 찢어질 정도로 먹었다. 그렇게 맥주까지 쭉 들이키고 배가 찢어질 것 같은 고통을 느끼면서 모두가 "아, 배 찢!"을 외치면 우리의 식사는 끝이다.

어둠이 내리는 밤. 춥지도 덥지도 않은 딱 좋은 온도에서 우리는 오순도순 이야기꽃을 피웠다.

그러다 문득 궁금해졌다.

언니 오빠에게 약간 실례일 수 있겠지만, 이 사람들은 여행이 끝난 후 앞으로 어떤 일을 하며 살지 궁금했다. 잠시 휴가 내서 떠나온 하영 언니를 제외한 두 오빠는 꽤 장기여행을 하고 있는 중

캠핑의 밤

이었기 때문이다. 그런데 치훈 오빠가 대답했다.

"앞으로? 앞으로 여행할 거야."

순간 나의 벙찐 표정을 읽었는지 오빠가 재빠르게 이어서 말했다.

"나는 여행하면서 살고 싶어. 그냥 어디서든 적당히 일해서 벌고, 또 여행하고, 벌고, 여행하고 그렇게. 여행할 때가 제일 행복해서. 그냥 평생 이렇게 살고 싶어."

생각지도 못한 이 대답은 내 머릿속 깊이 박혔다. 나의 뭔지 모를 고정관념을 와장창 깨트려주는 말이었다.

나는 여행은 당연히 언젠가 끝난다고 생각하고 '그 후에는 어떻게 살아갈지'를 물어봤다. 하지만 치훈 오빠에게는 '지금도 여행, 앞으로도 여행'이 그 대답이었다. 오빠에게 안정적인 일거리와 직업은 우선순위가 아니었다. 37년을 살면서 오랜 시간 회사와

일에 치이다 보니 어느 순간 회의감을 느끼고 무작정 여행길에 올랐다가 '인생에서 정말 중요한 것'에 대한 나름의 기준이 생긴 것이다. 여행하다가 돈이 떨어지면 잠시 그 나라에 머물러 돈을 벌고 또 떠나고……. 정말 '현재'를 살아가는 사람이었다. 이런 사람을 만나본 적 없던 나에게는 오빠의 삶의 방식이 꽤 흥미롭게 들렸다.

그렇다. 살아가는 데는 정해진 방법이 없다. 꼭 안정된 직업이 있어야 한다는, 미래를 준비해야 한다는, 돈을 모아야 한다는 법은 없다. 그건 그저 불안한 우리의 고정관념이 만들어 놓은 가이드라인일 뿐이다.

오빠는 진심으로 여행을 사랑하는 사람이다. 명예, 지위, 부보다는 여행으로 진정한 행복을 느끼는 사람. 그리고 그런 자신의 행복을 위해 평생 떠나는 길을 택한 사람.

내 마음속 가치관 나무에 달려 있던 딱딱한 고정관념 열매가 팡! 하고 터져나가는 것 같았다.

나는 무엇에 행복을 느끼는 사람일까? 돈? 사랑? 명예? 아니면 여행? 아마 평생 찾아야 할 인생의 숙제이지 않을까.

캠핑의 매력

　'캠핑'이라 하면 약간은 배고프고 고된 여정일 것이라는 내 예상은 100퍼센트 빗나갔다. 아니, 정확하게 말하자면 하나부터 열까지 손가는 일이 많아 불편하긴 했지만 불편한 기억이 희미해질 정도로 재밌고 행복한 순간으로 꽉 찼다.

　우리는 에토샤 국립공원을 나와 나미비아의 해안도시인 스와코프문트로 가고 있었다. 하지만 하루 안에 가기에는 거리가 멀어 스와코프문트 위쪽 바닷가에서 비박을 하기로 결정했다.

　'바닷가에서 그렇게 마음대로 자도 되는 건가?'

　걱정됐지만, 도착해 보니 주변에는 지나가는 사람도, 차도 거의 없는 외진 바닷가였다.

　사실 머릿속에 그리던 바닷가에서의 비박은 에메랄드 빛 바닷

가 앞에서 따뜻한 햇살을 온몸으로 느끼며 바닷물에 발을 담그고, 시원한 파도소리와 함께 잠드는 그런 멋진 그림이었다.

하지만 현실은…….

"하나, 둘, 셋하면 미는 거야! 하나~ 둘~ 셋!"

바닷가에 텐트를 칠 자리를 찾다가 차 바퀴가 그만 모래에 빠져버렸다. 바닷가에 도착하자마자 하영 언니와 나, 그리고 의환 오빠는 축축한 모래에 발을 빠트리며 안간힘을 써서 차를 밀었다. 우리 모습이 우스꽝스러웠는지 치훈 오빠는 차 안에서 엑셀을 밟으며 쿡쿡대고 웃고 있었다. 얼마나 얄밉던지!

우여곡절 끝에 무사히 텐트 칠 자리를 잡았다. 그런데 하필 날씨가 여태까지 중 최악이었다. 우중충한 회색 빛 하늘에 자칫하면 중심을 잃을 듯한 엄청난 바람, 그리고 오들오들 턱이 자동으로 떨리는 추위.

내 로망은 이미 멀어졌다. 생각보다 세차게 부는 바람 때문에 내 싸구려 텐트는 펴지 않는 게 좋겠다는 오빠들의 말에 그렇게 하기로 했고, 하영 언니와 나는 차 안에서 침낭을 펴고 자기로 했다. 전기도 물도 쓸 수 없는, 말 그대로 비박이라 쓰고 노숙이라 읽는 그런 날이었다.

남성 2인용 크기인 치훈 오빠 텐트 안에서 저녁 준비를 했다. 치훈 오빠의 코펠냄비에 하영 언니가 오스트리아에서 가져온 3분 카레, 3분 짜장, 라면 세 개를 끓이고 우리밖에 없는 이 드넓은 바

닷가 앞 텐트 속에서 만찬을 즐겼다.

내 로망과는 달랐지만 텐트 안에 옹기종기 모여 콧물을 훔치며 저녁을 먹는데 얼마나 행복하던지. 내 아이폰에 들어있는 <응답하라 1988>을 보면서 추억에 젖은 채로 옛날이야기를 하는 게 얼마나 웃기던지.

여행을 하다 보면 아무 특별할 것도 없는 시간이라 뭐라 설명조차 할 수 없는 행복한 시간들이 있다. 내 머릿속에 평생 남을 기억은 이런 순간임을 알기에 더 소중한 시간들.

저녁식사 후에는 정말이지 눈을 감은 것보다 더 검은 암흑 속에서 움직여야 했다. 온통 검정색뿐인 곳에서 들리는 바닷소리는 약간은 공포스러웠다. 그런 암흑 속에서 하영 언니와 조금 밖에 없는 물을 서로 부어 주며 불편한 세수를 해야 하지만, 오줌도 암흑 속 차 옆에서 몰래 싸느라 긴장되지만, 내가 과연 언제 이런 캠핑을 해볼 수 있을까 싶어 괜스레 엉덩이가 들썩이는 기분 좋은 하루다.

내가 생각해도 정말 못났을 때

가끔 난 참 못난 여행자다.

한국에서는 친구들과 술 마시며 돈을 걱정 없이 쓰면서도 혼자 여행할 때면 500원, 1,000원이 아까워 뭐 하나 쉽게 결정하는 게 없다. 열심히 흥정과 비교를 하다 보면 결국 몇백 원, 몇천 원 차이에 굉장한 에너지 소비를 하곤 한다.

여행하며 만난 동행과 함께할 때도 내 생각과 씀씀이가 다르면 돈을 쓰면서도 마음이 불편할 때가 있었다. 다들 콜라를 맛있게 마시는데 혼자 물 마시겠다며 목 막히는 걸 꾹꾹 참는 나. 참 못났다, 나.

음식을 맛있게 먹을 때 가장 행복해하면서도 쉽사리 돈을 쓰지 못 한다. 먹고 싶은 게 있어도 꾹 참고, 사고 싶은 마음 꾹 눌러 앉히고, 그렇게 지냈다.

온전히 이 여행 때문에 몇 개월간 집에서 아르바이트를 가고, 또 아르바이트가 끝나면 곧장 집에 가는 생활을 반복하던 날들이 떠올라서 쉽게 쓰지 못하는 건지, 아니면 데드라인 없는 이 여행을 길게 하고 싶은 마음에서인지 모르겠다.

아무렇지 않게 동행들에게 매일 아이스크림을 사주고 네 것 내 것 없이 나눠주며 마지막 날까지 멋진 레스토랑에 데려가주는 하영 언니를 보면서 그제서야 내 행동이 부끄러워졌다.

나눠주기는커녕 아끼려는 생각만 하는 못난 여행자였으니까.

이 아끼는 습관이 어디 가지는 않겠지만, 오늘부로 나와 약속한다. 가장 싼 곳 말고 두 번째 싼 곳, 가장 저렴한 여행 말고 두 번째로 저렴한 여행을 하기로 말이다. 돌아오지 않을 이 순간을 즐기기 위해 금전적인 억압에서 나를 조금은 풀어놓기로 했다.

내가 '나'이기까지

　모든 사람이 자라온 환경과 교육 방식이 다르겠지만, 우리 부모님은 항상 나를 믿고 내 삶을 스스로 걸어나가게 해주셨다. 옆에서 "저기로 가! 어디 가? 이쪽이야!"라고 말해주기보다 모든 것을 스스로 선택하게 하고, 그 길에 장애물이 있다면 조용히 없애주려고 노력하는, 그런 방식으로 말이다. 이렇게 보면 세상 행복하게만 자라온 것 같아 보일 수 있겠다. 하지만 사실 나에게는 여덟 살 전까지의 가족에 대한 기억이 별로 없다.

　맞벌이로 일하던 부모님 사정으로 어릴 때는 매일 고모네 집에 맡겨져 깜깜한 밤에야 집에 가곤 했는데, 가끔 엄마가 와야 할 시간이 지났는데도 오지 않으면 끔찍한 상상을 하면서 혼자 눈물을 훔쳤다.

'오다가 사고 나서 병원에 실려가고 있는 거 아니겠지?'

'엄마가 오다가 누구한테 잡혀갔나?'

이때부터인 것 같다. 최악의 상황을 상상해버리는 이상한 버릇이 생겼다. 나도 모르게 비행기를 타면 추락하는 상상을 하고, 버스를 타면 사고 나는 상상을 하고, 놀이기구를 타면 안전벨트가 풀려 떨어지는 상상을 한다. 난 걱정 많은 겁쟁이가 확실하다.

또 다른 어릴 적 기억. 다섯 살 때 고모네 집에서 하루에 한 개씩만 먹기로 한 아이스크림이 있었다. 그런데 어느 날은 정말정말 한 개만 더 먹고 싶었다. "고모, 나 오늘 아이스크림 하나만 더 주세요!"라는 말을 하지 못해 고모가 화장실 갔을 때 냉동실 문을 열고 높이 있는 아이스크림을 빼꼼 구경하고, 들킬까봐 얼른 닫아버리고를 반복했다. 이렇게 보면 참 한 소심하는 성격이다.

초등학교 댄스 공연 팀으로 활동할 때였다. 다른 아주머니들은 딸이 공연을 하면 항상 따라와서 화장해주고 옷을 준비해주는 등 챙겨주셨는데, 나는 다른 아이들처럼 엄마가 올 수 있는 형편이 아니었다. 가끔 속상하긴 했지만 그래도 다른 아줌마들에게 화장을 받고 혼자 씩씩하게 의상을 들고 공연을 다닌 기억이 있다. 그때도 겁 많고 소심한데, 배짱은 있었나 보다.

부모의 마음이 뭐기에, 나에게 매일같이 빨리 귀국하라고 재촉하면서 메시지로는 "돈 안 부족해? 부족하면 말해"라고 하시는 우리 엄마.

"나 내가 다 벌어서 내 돈으로 가니까 신경 쓰지 마!"라고 큰소리를 뻥뻥 쳐놨기에 엄마 아빠의 도움은 받고 싶지 않았다.

그런데 여행 끝 무렵, 귀국 날짜를 결정하고 한국 가는 비행기 티켓을 사려는데 48,000원이 부족했다. 고민 끝에 가족 단체 채팅방에 5만 원만 도와달라고 SOS요청을 했다. 그런데 3분도 되지 않아 **최세화님 통장에 15만 원이 입금 되었습니다**라는 메시지가 왔다. 마치 기다렸다는 듯이 말이다. 이게 뭐라고 눈물이 그렇게 나려했는지 모르겠다.

돈을 보내준 사람은 아빠였다. 내가 떠나기 전 아무 도움도 주지 못해 마음에 걸렸을 게 분명하다. 평소 같으면 내가 싫다 해도 용돈을 조금이라도 쥐어주는 아빠인데, 이번에는 왠지 일부러 참으신 것 같았다. 마치 "그래, 네가 스스로 큰돈 벌어서 써보는 경험도 처음일 테니 일단 되는 데까지 해봐라. 그러고 나서 안 되면

도와줄게" 같은 느낌이었기 때문이다.

　내가 지금의 '내'가 되기까지 무엇 하나 부모님 영향을 받지 않은 구석이 없음을 이제야 느끼고 있다. 이렇게 부모님과 처음으로 길게 떨어져있으니 엄마 아빠 생각이 참 많이 나고, 이런 환경을 만들어주신 것에 무척 감사하다.

　엄마 아빠, 나도 나중에 엄마 아빠 같은 부모가 될래.

인생 밤하늘

말도 안 되는 밤하늘을 보았다.

나미비아에서 꼭 가야 하는 필수코스 중 하나가 바로 '세슬림' 지역이다. '나미비아' 하면 가장 먼저 떠오르는 광활한 사막이 있는 곳이기 때문이다. 이곳은 도심에서 꽤 멀리 떨어져 있고 가는 길이 험해 가장 높은 사고율을 자랑하는 곳이기도 하다. 길을 달리다 보면 길바닥에 전복돼 있는 차를 흔하게 볼 수 있는 곳. 그만큼 가는 길이 위험하다.

한 번도 가기 힘든 이곳을 나는 일주일 동안 두 번 다녀왔다. 이런 미친 짓을 한 사람은 나밖에 없을 거야.

사실 두 번째는 전혀 갈 생각이 없었다. 세슬림은 한 번은 괜찮아도 두 번 갈 만큼 나에게 매력적이지 않았고, 또 지출해야 하는 경비와 위험한 길을 마음 졸이며 가는 일이 상당히 부담스러웠기 때문이다.

　하지만 치훈 오빠는 하루에 세 번씩 "세화야, 세슬림 또 가자. 너 중간에 안 내려 줄 거야! 너 없으면 재미없어"라며 간곡한 표정으로 나를 꼬셨고, 결국 넷째 날 아침 오빠의 진심어린 눈빛에 넘어가버렸다.그렇게 나는 세슬림에 두 번을 가게 되었다. 그곳을 한 번 더 보고 싶어서가 아니라, 오로지 함께하는 사람들이 좋아서 말이다.

　그런데 뜻밖의 행운이 찾아왔다. 처음에 다른 동행들과 갔을 때는 사막의 멋있는 일출은 봤지만 아름답다고 소문이 자자한 별천국은 보지 못 했다. 반대로 두 번째 갔을 때는 말도 안 되는 별천지를 보았지만 멋있는 일출은 보지 못 했다.

'아, 세슬림 두 번 가길 진짜 잘했구나!'

태어나서 처음 보는 별 천국에 눈이 휘둥그레져 감탄조차 나오지 않았다. 가만히 돌에 누워서 하늘만 쳐다보기를 10분. 추운 줄도 모르고 넋을 놓고 하늘을 바라보았다. 돌바닥이 더럽다거나 새똥이 있다거나 진흙이 묻었다거나 하는 걱정은 이미 내 안중 밖이었다.

가끔 하늘에서 선명하게 떨어지는 별똥별은 우리를 흥분시켰다.

'소원을 빌어야 하는데…… 무슨 소원부터 빌지?'

Photo by Chihun

고민 끝에 줄이고 줄여 세 개를 정했다. 세 개만 떨어지길 바라면서 하늘을 뚫어지게 쳐다봤다.

첫 번째 별똥별은 보자마자 나 별똥별 봤다며 호들갑을 떠는 바람에 놓쳐버렸다. 그리고 한참 조용하다 의환 오빠가 말을 거는 순간 하나가 더 떨어져 또 놓치고. 또 다시 놓치고. 그러다 다행히 첫 번째 소원은 별똥별에 맞춰서 빌었다. 두 개만 더 떨어지면 되는데 좀처럼 보이지 않는다. 역시 이래서 소원은 하나만 빌라는 건가 보다.

아—, 좋다.

우리를 제외한 다른 여행객들은 모두 이미 꿈나라로 간 모양이
다. 어둠이 내린 고요한 캠핑장. 우리만 신나서 새벽까지 한참 동
안 별과의 놀이를 즐겼다.

사자의 용기

　마지막 캠핑은 누구 한 명 없어져도 이상하지 않을, 어디인지도 모를 산 위에서의 비박이었다. 공식 캠핑장도 아닌, 그냥 어느 산 위였다. 누가 하늘에 별 반짝이를 흩뿌리고 간 듯한 밤하늘은 어제와 비슷했지만, 산 위였던지라 고도가 높아서 그런지 어둠을 뚫은 별들이 나와 아주 가깝게 수놓여 있었다. 캠핑 마지막 날 멋진 별 하늘의 선물을 받고, 우리는 다시 빈트후크로 돌아와 렌트 차량을 반납했다.

　이제 지금껏 함께한 사람들과 헤어져야 했다. 치훈 오빠는 또다시 자전거를 타고 남아공으로 내려가고, 의환 오빠는 비행기를 타고, 그리고 하영 언니와 나는 잠비아까지 더 함께하기로 했다. 서로 마지막 포옹을 하고 무사여행을 기원하며 작별인사를 나눴다. 치훈 오빠의 자전거 양옆에는 자전거가 버티고 있는 게 신기할 정도로 커다란 짐이 매달려 있었다. 무거운 짐과 달리 오빠의 떠나는 뒷모습이 가벼워 보여 괜히 안심됐다.

잠비아로 떠나는 인터케이프 버스의 출발 시간은 오후 한 시 30분. 오스트리아에서 직장을 다니는 하영 언니는 2주 정도 휴가를 내고 떠나온 터라 하루하루를 꽉 채워 보내야 하는 단기여행자였다. 그래서 잠비아로 떠나는 당일 아침조차 언니는 빈트후크 프리워킹투어를 다녀오겠다고 했다.

내가 본 빈트후크는 그냥 여느 잘사는 나라의 평범한 도시와 비슷해 크게 매력적이지 않았다. 그래서 언니가 도시 프리워킹투어를 같이 가자고 했지만 그냥 숙소에 있겠다고 대답했다. 하지만 결국 언니는 늦장을 피우다 프리워킹투어 시간을 놓쳐버렸고, 나에게 새로운 제안을 했다.

"세화야, 그럼 어제 내가 간 슬럼가 시장에 가볼래?"

알다시피 슬럼가는 빈민촌, 가난한 현지인이 사는 마을이다. 사실 여행자끼리 가면 위험한 지역이라 현지인이 데려가줘야 갈 수 있는, 블로그에 어떠한 정보도 없는 리얼 삶의 현장이다. 우리는 언니가 전 날 간 시장 말고도 한 군데를 더 가려고 숙소 직원에게 추천을 받았다. 직원은 카투투라의 와나헤라 시장에 가보라고 했다. 시간이 그리 많지 않았기에 우리는 씻지도 않고 우선 무작정 택시를 탔다.

택시를 타고 10분쯤 달렸을까, 어떤 허름한 시장 앞에 차가 섰다. 그런데,

'뭐지? 이게 끝인가?'

한 줄로 있는 허름한 포장마차 외엔 다른 것이 보이지 않았다. 하영 언니도 자신이 어제 간 시장과 너무 달라 당황한 모습이 역력했다. 살려고 발악하는 닭을 맨손으로 잡아 옮기고, 파리 끓는 고기를 썰고……. 신기하기는 했지만 눈빛부터 싸늘한 적대적인 사람들의 반응에 우리는 발걸음을 옮기기로 했다.

언니가 어제 다녀왔다는 싱글쿼터 시장에 도착하니 아까와 다르게 규모도 엄청나게 크고 사람들도 친절했다. 징그러운 소머리가 바닥에 전시품처럼 있는가 하면, 파리 끓는 소 시체를 가판대에서 직접 손질하고 굽고 있기도 했다.

처음 갔던 와나헤라 시장

"어제 어떤 현지인이 맛있어 보이는 고기를 주는 거야. 그런데 그것도 저 파리 끓는 시체에서 나온 고기일 거 아니야? 진짜 차마 못 먹겠더라." 언니가 말했다.

그런데 잠시 후, 파리 끓는 시체를 눈앞에 두고서도 시식해보라는 그들의 말에 나는 나도 모르게 덥석

고기 한 조각을 집어 들었다. "Wow! Delicious!"를 외치는 나를 보니 내 자신이 새삼 대단했다. 비위 약한 내 모습은 어디로 갔는지!

시장 구경을 마친 후, 언니가 전날 봤다는 초등학교에 가려고 걷고 있었다. 그러다 길거리 한복판에 앉아서 도시락을 까먹고 있는 귀요미들을 발견했다.

"오, 여기인가 보다!"

우리가 갔을 때는 딱 아이들의 하교 시간이었다. 우리의 등장은 본의 아니게 이미 집으로 향하던 아이들 모두를 다시 학교로 돌아오게 만들었다. 우리는 순식간에 수십 명의 아이들에게 둘러싸였고, 그대로 한참동안 아이들과의 사진 놀이에 푹 빠졌다. 아이들은 내 긴 머리카락이 신기한지 머리카락을 잡아당기고, 손을 잡고, 우리가 한걸음을 옮기면 우르르 뛰어 쫓아오며 한바탕 난리가 났다.

그런데 얼마 지나지 않아 우리 때문에 아이들이 넘어지는 사고가 나버렸다. 혹시 더 큰 사고가 날 지 몰라 재빠르게 학교에서 나와버렸다. 아, 귀여운 아이들. 아이들을 보니까 현지에서 교육봉사를 하고 싶은 마음이 솟구쳤다.

사람마다 '어느 나라에 가면 꼭 해보고 싶은 것, 가보고 싶은 것'이 다르다. 누군가는 그 나라의 술을 꼭 먹어봐야 하며, 누군가는 꼭 유명 카페를 가고 싶어 하고, 또 누군가는 현지 클럽을 궁금해 한다. 나는 항상 그 나라의 학교와 학생들이 참 궁금했다.

초등학교에서 나와 사람들에게 근처에 있는 고등학교를 물어물어 찾아가고 있었다. 그런데 저쪽에 있던 경찰차 한 대가 우리에게 다가오더니 창문을 열고 말했다.

"헤이! 너네 왜 여기 있어? 여기 도둑 많아. 조심해야 해."

아 맞다. 생각해보니 여기 슬럼가지!

Photo by Hayoung
Namibia

"세화야, 선글라스 벗어. 관광객 티가 너무 나잖아!"

"언니, 선글라스 벗어도 우리는 누가 봐도 관광객이에요! 그래도 일단 벗긴 해야겠다."

한 현지인의 도움으로 금방 꽤 좋아 보이는 고등학교에 도착했다. 그런데 우리의 기대와는 달리 학생들은 하나도 보이지 않고 텅텅 빈 교실에 적막이 흐를 뿐이었다. 그러던 중 예쁜 교복을 입은 여학생이 위층에서 내려오고 있는 것을 발견했다. 중국어가 잔뜩 적힌 프린트물을 들고 있는 걸 보아하니 중국어 전공자 같았다. 학생에게 다른 학생들은 다 어디에 있냐고 물어보니 저쪽 끝 강당에 가보라고 말해줬다. 알고 보니 오늘은 학교 강당에서 수여식 행사가 있는 날이었다.

뜬금없이 동양인 두 명이 와서 강당 주변을 기웃거리니 당황할 만도 한데, 푸근해 보이는 여자 선생님이 여기를 어떻게 왔는지, 왜 왔는지를 묻더니 이렇게 말씀하셨다.

"저기 맨 앞에 부모님이 앉는 자리가 있는데, 들어가고 싶으면 저기 앉아서 즐기다 가! 너희가 누군가의 부모님일지 아무도 모르잖아? 하하하."

우리의 등장은 모든 사람의 이목을 끌었고, 그렇게 우연치 않게 나미비아 고등학교의 학교 행사에 참여하게 됐다. 꽤 큰 행사인지 코미디언의 콩트 타임, 댄스동아리의 공연 타임도 있었다. 부족한 영어 실력 때문에 사람들이 웃을 때 같이 웃지는 못했지만, 아직도 생생하게 기억나는 코미디언의 말이 있다. 이 말은 내

뇌리에 깊이 박혀 내가 무언가를 고민할 때 가장 먼저 꺼내보는 말이기도 하다.

"사자는 치타처럼 빠르지도, 기린처럼 키가 크지도, 코끼리처럼 덩치가 크지도 않아요. 그럼에도 불구하고 사자는 동물의 왕이에요. 아무것도 가진 것이 없지만, 사자는 용기가 있습니다."

왠지 모르게 이 문장이 내 마음속에 확 와 닿았다. 앞뒤로 무슨 말을 하는지 하나도 들리지 않다가 신기할 만큼 이 문장만 딱 귀에 박혔다.

아, 언니 따라 나오길 잘했다. 혼자였다면 집에만 있었을 텐데.

하영 언니는 참 여행을 잘한다. 여행을 잘하고 못하고가 어디 있겠느냐 만은, 언니는 내게 처음으로 '여행을 잘하는 게 이런 거구나'를 느끼게 해준 사람이었다. 자신만의 여행스타일을 잘 알고

그 스타일대로 여행을 끌어나가는 그런 여행. 언니랑 같이 있으면 재미있는 일이 벌어지고, 아무것도 아닌 날이 함께 있으면 특별해지곤 한다. 아프리카 여행을 언니와 잠시나마 함께한 게 참 행운이라고 생각했는데, 언니가 며칠 전에 한국에 있는 나에게 말했다.

"아, 세화랑은 진짜 다시 같이 여행하고 싶다. 같이 다니면 기분 좋아지는데."

다행이다. 짝사랑이 아니었다니!

■ 쉬어가기
[아프리카 여행 루트 짜기에 참고 될 만한 나라별 특징]

아프리카 종단 여행을 계획하는 사람이라면 한 번쯤 하는 고민이 있죠.
"밑에서 위로 올라가야 할까? 위에서 밑으로 내려가야 할까?"
우선 대중적인 루트는 이집트에서, 또는 케냐에서 남아공까지 내려가는 루트입니다. 많은 사람들이 이 루트를 택하기 때문에 동행자를 구하기 더 수월하기도 해요.
하지만 저는 남아공에서 이집트로 올라가는 루트를 택했습니다. 제 여행의 기한이 '돈 떨어질 때까지'였기 때문이에요. 만약 마지막 나라인 남아공까지 왔는데 돈이 남는다면 이후에 선택할 수 있는 선택지가 많지 않을 것 같았어요. 반대로 이집트에서 돈이 남으면 중동이나 유럽 등 더 여행할 수 있는 나라가 아주 다양했죠. 저처럼 올라가는 루트인 사람은 굉장히 드물긴 했어요.
혹시 종단 방향이 고민된다면, 이렇게 생각하면 편합니다.

밑에서 위로 종단 = 점점 힘든 여행
위에서 밑으로 종단 = 점점 호화로운 여행

상대적으로 남아공, 나미비아 등 아래쪽에 있는 나라들은 보다 편한 여행지예요. 대형마트나 큰 건물, 레스토랑 등의 시설을 상대적으로 쉽게 볼 수 있기도 하죠. 남아공에서 만난 동행들이 제게 한 말이 있어요.
"여기서 잘 먹어둬라. 올라갈수록 개고생이다~."

"그래서 어느 나라를 가지?"

우선 우리나라 사람들이 가장 많이 가는, 흔히 '국민 루트'라고 부르는 루트가 있어요.

이집트 → 에티오피아 → 케냐 → 탄자니아 → 잠비아/짐바브웨 (빅폴) → 나미비아 → 남아공

모잠비크, 보츠와나, 말라위, 우간다, 르완다, 수단, 마다가스카르 등은 선택사항이라고 보면 될 것 같아요. 물론 완벽하게 정해진 루트는 없습니다! 본인이 매력적이라고 생각하는 나라를 골라서 가도 좋고, 국민 루트에서 나라를 추가하거나 생략해도 좋아요.

루트를 정할 때 도움이 될 만한 나라별 특색과 특징을 소개해드리겠습니다. 물론 지극히 주관적인 의견이니 참고만 해주세요.

·남아공: 아프리카 속 유럽 같은 느낌이에요. 가장 개발돼 있고, 여행하기도 편하답니다. 남아공은 굉장히 넓어서 제대로 보려면 2주로도 모자란 나라에요. 시간이 넉넉하다면 남아공 속 독립 국가인 '레소토'와 '스와질랜드'도 일정에 넣으면 좋을 것 같아요.

·나미비아: 개인적으로 아프리카 여행에서 빼놓으면 제일 아쉬울 나라! '아프리카 여행' 하면 생각나는 '사막', '동물의 왕국'을 모두 볼 수 있는 곳이에요. 심지어 바다도 있어서 정말 매력적인 곳이랍니다. 큰 슈퍼마켓 정도는 어렵지 않게 찾을 수 있는 환경이며 동행들을 구해 자동차 렌트 여행을 한다면 정말 잊을 수 없는 추억을 만들 수 있을 겁니다.

참, '세슬림'이라는 사막 지역과 '에토샤 국립공원'은 투어사를

이용하는 것보다 동행들과 차를 렌트해서 여행하는 편이 훨씬 경제적이랍니다!

·**잠비아/짐바브웨**: 빅토리아 폭포가 있어서 여행자들이 거의 '필수 코스'로 다녀오는 곳이에요. 잠비아와 짐바브웨는 다리 하나를 경계로 두고 있기 때문에 원한다면 '짐바브웨 쪽에서 바라보는 빅폴'과 '잠비아 쪽에서 바라보는 빅폴'을 둘 다 볼 수 있어요. 저는 짐바브웨 사이트 빅폴을 가려면 지불해야 하는 비자비와 입장료가 부담스러워서 잠비아에서만 빅폴을 보고 왔답니다! 빅폴은 번지점프, 레프팅, 악마의 수영장 등 액티비티가 유명해요.

·**보츠와나**: 코끼리 천국이라는 초베 국립공원을 구경하러 많이 가는 나라입니다. '오카방고델타 투어'라는 쪽배를 타면서 구경하는 사파리는 정말 이색적이고 낭만적이라고 해요. 다녀온 사람들은 환상적이라고 찬양하는 나라!

·**말라위**: 아프리카에서 가장 못 사는 나라 중 한 곳인 만큼 큰 쇼핑몰과 마트가 흔하지 않고 여행한 나라 중 가장 열악한 곳이었어요. 하지만 떠나오기 전에 제가 그리던 '아프리카'의 모습과 가장 비슷한 나라이기도 했어요. 정부 정책에 따라 낮에는 전기를 쓸 수 없는 등 약간의 불편함이 있지만 사람들이 정말 순수하고, 아름다운 말라위 호수에서의 여유로움은 아직도 잊을 수 없을 정도로 기억에 남습니다. 불편함을 싫어한다면 비추! 하지만 약간 고생하더라도 본연의 다양한 아프리카 냄새를 맡고 싶다면 추천! 물가는 굉장히 저렴한 편이지만 비자비가 가장 비싼 국가입니다.

· **탄자니아**: 잠비아와 탄자니아를 이어주는 '타자라 기차'를 타고 이동하는 루트가 대중적이에요. 기차를 타고 가는 데 총 2박3일이 걸리며 '낭만 기차'라고도 부릅니다.

탄자니아에서는 영어가 잘 통하지 않는 당황스러운 상황이 생길 수 있습니다. 다르에스살람은 악명 높은 도시로 강도와 소매치기가 빈번하니 조심해야 하는 도시이기도 하죠. 탄자니아에는 유독 사기꾼들이 많았었던 것 같아요. 탄자니아에 다녀온 사람들 대부분은 한 번씩 된통 당한 적이 있더라고요.

그럼에도 불구하고 탄자니아는 가장 유명한 사파리인 '세렝게티'와 북쪽에 킬리만자로 산 등 아프리카의 보물을 가지고 있는 매력적인 나라입니다. 또한 탄자니아 수도에서 배를 타고 세 시간 떨어진 거리에 있는 잔지바르 섬은 환상적입니다. 신혼여행지로도 잘 알려진, 에메랄드 빛 바다를 볼 수 있지요.

킬리만자로 산 등반 비용은 최소 100만원이 넘으며, 세렝게티 사파리도 다른 나라 사파리보다 투어 비용이 비싸답니다.

· **케냐**: 마사이마라 사파리가 유명해요. 하지만 세렝게티와 마사이마라는 같은 국립공원으로 구역만 다르기 때문에 동물 이동 시기에 따라 둘 중 한 곳을 선택하는 편이 좋습니다.

마사이마라 외에도 헬스게이트, 나이바샤, 초승달 섬 등 동물을 볼 수 있는 공원이 매우 많으며 세계 3대 슬럼가인 키베라에서 케냐의 민낯도 볼 수 있습니다.

또한 여기서도 큰 쇼핑몰을 쉽게 볼 수 있어요. 잘 사는 것 같으면서도 열악함이 느껴지는, 알 수 없는 나라예요.

· **우간다**: 세계 3대 레프팅인 '진자 레프팅'을 즐길 수 있어요. 레프팅과 침팬지 투어가 유명하답니다! 개인적으로 수도 캄팔라

보다는 '진자' 지역이 정말 아름다워서 살아보고 싶다는 생각이 들었어요. 과일 천국이라 돈 걱정 없이 원 없이 과일을 먹을 수 있는 곳이기도 해요. 우간다 캄팔라의 독특한 시내를 구경하는 것도 굉장히 매력적입니다!

·르완다: 가보지 않았지만, 가본 여행자들은 모두 찬양하는 나라예요. 관광거리가 그리 많지는 않지만 굉장히 깨끗하고 여행하기 좋은 나라! 만약 가게 된다면 영화 <호텔르완다>를 보고 가는 것은 필수!

·에티오피아: 보통 '다나킬 투어(화산을 볼 수 있는 2박3일 또는 3박4일 투어)'를 하러 많이 갑니다. 하지만 에티오피아는 땅이 굉장히 넓고 단기간에 모두 둘러보기 힘들만큼 매력적인 지역이 많아요. 역사가 깃든 지역, 다양한 부족이 있는 지역 등.
그런데 이상하게 에티오피아를 여행한 사람들은 가끔 '최악의 나라'였다고 표현하기도 해요. 저는 다나킬 투어만 하고 넘어가서 좋은 기억만 남겼지만요.

·수단: 아프리카를 종단할 때 모두 '육로 이동'을 하고 싶은 사람들이 수단을 거쳐 가곤 합니다. 수단은 아직 여행 인프라가 잘 구축돼 있지 않아서 독특한 관광거리가 있진 않아요. 비자 받기도 워낙 까다로워서 저는 건너뛰었지만, 수단을 지나온 이탈리아 커플이 말하길 수단은 사람들이 하나같이 모두 정말 친절하다고 해요. 크게 볼 건 없지만, 사람 때문에 좋은 기억으로 남는 국가인듯합니다.

·이집트: 아프리카 종단 여행의 시작이 될 수도, 끝이 될 수도 있

는 나라 이집트. 수도 카이로에서는 유명한 피라미드를 볼 수 있어요.

이집트도 단기간 여행하기에는 아쉬운 나라인지라 일정을 넉넉하게 잡길 추천해요. 카이로에서 버스타고 반나절 가면 도착하는 '다합'은 '여행자들의 천국'이라고 불리는 해변 지역이에요. 현재 경제위기를 겪고 있어서 나라는 위기 상황이지만, 물가가 상상 이상으로 저렴해서 여행자에겐 천국이죠. 스쿠버 다이빙, 프리다이빙 등 해양스포츠를 저렴하게 즐기기 딱 좋은 곳이기도 해요. 일주일 갔다가 두 달을 머물게 되는 마성의 도시랍니다.

Republic of Zambia

잠비아

꿈 이룬 날

그들의 마지막 여행

꿈 이룬 날

'와, 여기 사람들은 다들 행복한가 봐.'

새로운 나라에 도착하면 항상 긴장의 끈을 다시 바짝 조여 매곤 하지만, 잠비아는 조금 달랐다. 얼굴에 왠지 모를 웃음기가 배어 있는 선한 눈동자를 가진 사람들. 아프리카 사람들은 다 비슷하게 생겼을 거라는 내 추측은 틀렸다.

첫 느낌이 좋은 잠비아에는 모두가 꿈에 그리는 아프리카 관광 명소, 빅토리아 폭포가 있다. 빅토리아 폭포에서 할 수 있는 액티비티는 여러 가지가 있는데, 레프팅과 번지점프, 그리고 악마의 수영장이 대표적이다. 레프팅은 하고 나면 일주일을 앓아눕는다는 소문이 자자하고, 악마의 수영장은 세계에서 가장 아찔한 액티비티로 유명하다.

악마의 수영장은 빅토리아 폭포 건기 시즌에만 입장 가능한 곳이라 시기가 맞지 않는 여행자들은 가고 싶어도 못 가는 경우가 허다하다. 나는 악마의 수영장을 가고 싶었다. 나에겐 꿈과 같았던 빅토리아 폭포에 몸을 담그고 한 번뿐인 아찔한 사진을 남기고 싶었기 때문이다.

그래서 악마의 수영장에는 관심도 없던 하영 언니를 열심히 꼬시기 시작했다. 혼자라도 갈 생각이었지만 함께 가면 더 즐거울 테니까.

그렇게 우리는 잠비아에 도착한 다음날 오후, 악마의 수영장에 갔다. 가격은 걸어서 가느냐 보트를 타고 편하게 가느냐에 따라 각각 95달러, 115달러였다. 당연히 더 저렴한 워킹투어를 선택한 후 길가에 걸어 다니는 원숭이와 함께 빅토리아 폭포 입구에서 가이드를 기다렸다.

폭포에 입장한 후엔 1.2킬로미터를 걸어야 했다. 힘차게 출발했지만 이마에 땀이 주륵주륵 흐르고 도대체 끝이 어딘지 보이지도 않는 돌 평지를 걷자니 여간 힘든 게 아니었다.

드디어 포인트에 도착한 후, 가이드가 중요한 물건은 다 두고 사진 찍을 카메라 하나만 자신의 방수 팩에 넣으라고 했다. 이제 가이드를 따라 하영 언니, 나 순서로 걸어 들어갔다.

물을 무서워하는 내가 어떻게 여기까지 올 생각을 했는지! 발이 닿을 줄 알았는데 내 짜리몽땅한 키로는 턱없이 부족한 깊은 수심이었다. 돌을 잡으며 간신히 내 몸을 움직였다. 생각보다 센 물살에 놀랐지만, 아찔한 포인트에 정착한 후에는 오히려 안심이 됐다. 가이드는 능숙하게 우리에게 포즈를 취하라고 시켰다.

"꺄아아악! 세화야, 꺄아아악! 건들지마, 꺄악! 하지마!"

장담컨대, 아마 저 멀리 반대편 짐바브웨 쪽에서도 하영 언니의 비명소리가 들렸을 거다. 하영 언니의 1초도 쉬지 않고 계속되는 비명소리에 가이드와 나는 웃느라 혼났다. 언니는 울기 직전이었지만 말이다.

이 투어는 비용이 10만 원이 넘지만 실제 노는 시간은 10분 이내인, 어마무시하게 비싼 투어다.

'10분 들어가는데 10만 원이라고!? 아……, 하지말까?'

투어 전엔 꽤 고민했지만, 막상 하고 나니 10분도 충분한 시간

이었다. 식은땀 나는 악마의 수영장 체험이 끝나고, 우리는 빅토리아 폭포를 천천히 거닐다 나왔다.

사실 이때는 심각한 건기 시즌이라 내가 본 빅토리아 폭포는 정말 별 것 없었다. 많은 여행자들이 건기 시즌에 빅폴을 보고 실망하고 돌아간다고 하던데, 몇 없는 물줄기를 보니 그 이유를 조금은 알 것 같았다. 빅폴은 잠비아와 짐바브웨에 걸쳐 있어 두 나라에서 볼 수 있는데, 건기 시즌에는 짐바브웨 쪽에서 그나마 웅장한 물줄기를 볼 수 있다고 한다.

하지만 나는 잠비아에서만 빅토리아 폭포를 보고 미련 없이 떠나기로 결심했다. 다리 하나만 건너면 쉽게 가는 짐바브웨였지만 마음이 끌리지 않았다. 오늘 내가 본 빅폴은 정말 볼품 없었지만, 이거면 충분했다.

오기 전에는 내 상상속의 빅폴과 현실이 매우 다름을 깨닫고 실망을 느낄까 두려웠지만, 실제로는 뒤도 안돌아보고 떠날 정도로 전혀 아쉬운 마음이 들지 않았다. 그 이유는 아직도 모르겠다.

그냥 빅토리아 폭포는 이미 내 마음속에 이상적인 무언가로 자리 잡은듯한 느낌이랄까?

고등학교 3학년, 세계지리 시간에 본 빅토리아 폭포 사진 한 장이 나를 여기로 이끌었다. 살면서 언젠간 이루어 보고 싶었던, 가장 오래 걸릴 것이라 생각한 '빅토리아 폭포 보고 아프리카 여행하기'라는 첫 번째 버킷리스트를 내 생각보다 훨씬 빨리 이뤄버렸다.

버킷리스트는 진짜 쓰면 이루어지는 건가 봐.

빅토리아 폭포 악마의 수영장 체험기!

그들의 마지막 여행

빅토리아 폭포에서 시내로 가는 현지 미니버스에서 처음으로 반가운 한국인들을 아주 많이 만났다. 주름이 꽤 자글자글한, 할머니 할아버지가 다 돼가는 분들이었다. 직장동료인데 모두 은퇴하고 마음 맞는 네 명이 배낭여행을 하는 중이라고 했다. 회사 다닐 때부터 동호회를 만들어 종종 함께 여행을 다니곤 했는데, 처음에는 몇십 명으로 시작했다가 지금은 이렇게 네 명밖에 안 남았다고 한다. 이번 아프리카를 종점으로 여행을 마무리하신다고 했다.

그러고는 나에게 "나미비아는 어디가 좋아? 렌트는 어떻게 하노?" 등 폭풍같이 질문을 하셨다.

이분들은 훨씬 편한 택시를 두고 로컬 미니버스에 몸을 구겨

넣고, 흘러나오는 시끄러운 아프리카 음악보다 더 시끄럽게 몸을 흔들고 "코리아! 코리아!"를 외치며 버스 안을 온통 활기찬 코리아 버스로 만들었다.

"어머니가 뭐라고 안하셔? 어이고, 얼마나 마음 졸이고 있겠어……. 그래서 한국에는 언제 가는데? 앞으로는 어디가고? 어찌 아프리카를 왔대?"

대화를 나누다 아주머니의 눈빛과 말투에서 부러움을 읽어버렸다. 지난 젊은 날을 회상하는 듯한, 나이의 무게를 실감하는 듯한, 약간 그렁그렁하기도 한, 말로 표현하기 힘든 복합적인 감정이 담긴 눈빛이었다.

나는 반대로 아주머니가 정말 부러웠는데 말이다.

"어머님, 저는 어머님이 훨씬 멋지고 부럽습니다"라고 말씀드리고 싶었다. 아주머니의 복합적인 감정이 담긴 눈빛을 보며 나도 부러움의 눈빛을 내비쳤다. 그리고 약간 슬퍼 보이는 아주머니의 표정에 괜히 연신 과한 리액션을 해댔다.

정말 부럽다. 마음 맞는 여행 메이트가 네 명이나 있다는 것. 배낭을 짊어지고 다닐 수 있는 체력과 용기가 있다는 것. 은퇴 후 삶을 이렇게 멋지게 보내고 있다는 것. 모든 것이 말이다.

나는 머릿속으로 상상만 해도 용기가 안 나는데.

마지막 여행이라는 말이 왜 이리 가슴에 콕 박혀서 여운이 가

시지 않는지. 마지막이 아닐 그들의 마지막 여행길에 깊은 응원을
보내면서 내 여행이 얼마나 값진 순간들인지 다시 실감했다.

Republic of Malawi

말라위

지옥 버스 탑승

아름다운 호수마을 은타카베이

말라위 길 위에서

아무한테도 말하지 못한 비밀

지옥 버스 탑승

'아, 진짜 짜증난다!'

릴롱궤(말라위의 수도)에서 음주주로 가는 여덟 시간 동안 탄 로 컬버스는 22시간 이동했던 장거리 버스보다 세 배는 더 고통스럽 게 느껴졌다.

릴롱궤 코리아가든 숙소에서 만난 한국인 할아버지와 음주주 로 가는 버스를 함께 타기로 했다. 할아버지는 음주주에 계시는 한인민박 여사장님께 고마운 일이 있어서 꼭 얼굴을 보고 인사하 고 싶다며 음주주까지 가는 먼 길을 택하셨고, 나는 원래 갈 계획 이었기에 함께 떠나게 됐다. 괜찮은 좌석버스 시간을 알아본 후 시간에 맞춰 버스정류장에 갔지만 이미 그 버스들은 떠났단다.

"아프리카 여행은 정해진 게 아무것도 없어. 어제까지 운행하던 버스가 오늘 없어져도 이상하지 않은 게 아프리카 여행이야."
잠비아 친구가 해준 말을 떠올리며 어쩔 수 없이 로컬버스에 올랐
다.

아프리카 버스 대부분은 사람이 꽉 차면 출발하는 시스템이라
정시 출발 버스는 정말 드물다. 할아버지와 나는 그나마 운 좋게
사람이 거의 꽉 차 있는 버스에 바로 탈 수 있었다.

"사람 다 차면 바로 출발할 거야!"

버스 직원이 말했다. 몇 명만 더 타면 만석이 될 것 같았다.

'곧 출발하겠지?'

그런데 그러고도 한 시간 반이 지나도록 출발할 기미가 보이지
않았다. 그들에게 '꽉 차면'이라는 말은 '좌석이 꽉 차면'이 아니라
정말 복도까지 사람이 모두 들어차 '틈이 없을 정도로 꽉 차면' 출
발한다는 뜻이었나 보다.

출발 대기 두 시간 후, 버스 복도까지 정말 발 디딜 틈 하나 없이 사람이 꽉 차니 버스 시동이 걸렸다. 그 탓에 나는 버스티켓을 돈 주고 샀음에도 불구하고 다리도 펴지 못하고 옆자리 아기들과 부대끼며 여덟 시간을 달렸다. 22시간 버스도 꿈쩍 않고 잘 타던 난데, 이 여덟 시간은 정말이지 50시간처럼 힘들었다. 화장실을 못가니 오줌 마려울까봐 물도 못 마시겠고, 추운데 창문은 열린 채로 움직이지 않아 닫지도 못하고, 의자시트는 달랑달랑 떨어지기 일보직전이라 허리에 힘을 주고 앉아야 했다. 제일 서러운 것은 환전을 아직 못한 상황이라 배고파 죽을 지경이었지만 과자 하나도 사먹지 못한 것이었다.

정말 집에 가고 싶었다. 평소라면 아기들과 눈이 마주치면 살갑게 인사하고 귀여워했을 테지만, 긴 대기시간에 지쳐버린 데다 사람들이 지나갈 때마다 엉덩이가 내 얼굴 앞까지 오는 상황이라

내 성질은 더러워 질대로 더러워져 있었다. 복도 바닥에 앉은 아이들이 30분 넘게 나만 빤히 쳐다본다. 동물원에 있는 신기한 오랑우탄을 보듯이 말이다. 이미 예민해진 기분 때문에 이 아이들의 눈빛에도 짜증이 나서 사나운 눈빛을 날렸다. 최세화 성질머리하고는…….

차츰 이 분위기가 익숙해지고 <응답하라 1988>을 보며 마음의 평온을 찾았을 때쯤, 여덟 시간 내내 서서 가야 할 사람들에게 미안해지기 시작했다. 아들을 품에 안은 채 맨바닥에 겨우 쪼그려 앉은 아버지가 눈에 들어왔고, 좁디좁은 의자에 앉아 다리도 펴지 못한 채로 아기를 안고 젖을 먹이는 엄마가 보이기 시작했다.

그제야 바닥에 앉아서 기댈 곳 없이 졸고 있는 아이에게 허벅지를 베개로 내주고 사나운 눈빛이 아닌 따뜻한 눈빛으로 보듬어 줬다. 까끌거리는 머리가 어찌나 귀엽던지. 물론 한 시간 전까지만 해도 머리가 조금이라도 내 다리에 닿으면 성질이 났지만 말이다. 운 나쁘게 버스를 놓쳐 어쩔 수 없이 탄 로컬버스는 나에게 참진한 기억을 남겼다.

아름다운 호수마을, 은타카베이

말라위는 내가 어렴풋이 생각하던 아프리카의 이미지와 가장 가까운 나라였다. 매우 소박하고 모든 곳이 시골 냄새가 나는 포근한 풍경. 말라위는 아프리카에서도 가장 가난한 나라로 손꼽히는 나라 중 한 곳인데, 낮에는 정전이라 전기를 쓸 수 없으며 가끔은 저녁에도 촛불의 희미한 빛에 의존해야 한다.

호수를 둘러싸고 있는 호숫가 마을, '은타카베이'에 도착했다. 나는 여행자 사이에서 가장 유명하다는 '마요카 빌리지' 숙소를 찾아갔다. 이곳에는 무료로 쓸 수 있는 각종 물놀이 기구가 여러 개 있을 뿐만 아니라, 어디에서든지 호수가 한 눈에 보이는 멋진 풍경을 품고 있는 곳이었다. 숙소에 도착하자마자 캠핑사이트가 있냐고 묻는 나를 보고 직원이 말했다.

"혹시 괜찮으면 같은 가격에 도미토리로 줘도 될까?"

　　속으로는 '응! 그러면 정말 고맙지!'를 크게 외치고 있었지만 나름 표정 관리를 하며 "그럴 수 있어? 고마워~"라고 차분히 대답한 후 안내를 받았다.

　　이 숙소의 아름다운 경치가 여행자들의 마음을 녹이나 보다. 극찬이 난무하는 숙소 후기를 듣고 온 나는 고개를 갸우뚱할 수밖에 없었다. 도미토리 문의 손잡이는 개미떼가 없는 곳이 거의 없어 겨우 잡아서 열어야 했으며 화장실에서 물을 틀면 개미들이 대량학살을 당할 정도로 개미들이 바글거렸다. 심지어는 다음날 자

개미천국 숙소

고 일어나니, 내가 자는 동안 깔아뭉갰는지 하얀 이불커버에 개미사체들이 뒹굴고 있었다. 개미 하나에도 식겁하며 호들갑을 떨던 나였는데, 이제는 개미 사체 정도는 맨손으로 툭툭 털어버릴 수 있게 됐다. 아, 나도 모르는 사이 아프리카 여행에 적응하고 있구나.

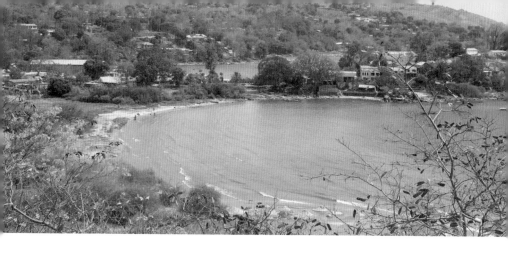

호수를 바라보며 비치베드에 누워 책을 읽는 여자, 함께 패들보트를 타고 호수를 거니는 커플, 늦은 점심을 먹는 커플들, 그리고 혼자 밍밍한 치킨볼 과자를 먹으며 그들을 부럽게 쳐다보는 나까지. 모든 게 여유롭고 아름다웠지만 마음 한 구석이 쓸쓸해졌다.

내가 느끼고 있는 것은 아마 외로움이었을 것이다. 나는 분명 너무나 아름다운 곳에서 아무것도 안하고 평화로운 시간을 보내고 있는데, 뭔지 모를 쓸쓸함이 내 마음 한 구석을 불편하게 만들었다.

다섯 시쯤 되었을까? 누군가 말을 걸어왔다.

"Hi! 다섯 시 반부터 저기 호수 중간에 아름다운 일몰을 볼 수 있는 포인트가 있어. 같이 갈래?"

"오, 어디? 그런데 난 수영을 못 해."

"괜찮아. 내 친구 데이비드가 패들을 태워줄 거야!"

"Wow! 정말? 그럼 잠시만 기다려줘! 나 수영복으로 갈아입고 올게~."

재빠르게 수영복으로 갈아입고 랄프의 친구 데이비드의 패들 보트에 타고 호수 중간에 있는 큰 튜브로 갔다. 랄프는 방수 팩에 맥주 여러 개를 챙겨서 우리를 뒤따라왔다. 각기 다른 국가에서 온 서양인 친구들과 "짠!"을 외치며 호수 중간에 앉아 일몰을 기다렸다.

랄프가 말해준 대로 말라위 호수 가운데에서 보는 일몰은 그야말로 장관이었다. 더 길게 보고 싶은데 야속하게도 해는 왜 이리 속도를 내는지. 동양인인 나를 제외한 나머지 친구들은 영어로 의사소통을 하는 게 자유로웠다. 나름 대화에 끼어들려 했지만 라디오를 두 배속 해놓은 것처럼 대화 속도가 빨라 도무지 이해할 수 없었다.

'아! 나도 같이 웃고 싶다.'

그러다 우리를 하나로(?) 만든 결정적인 사건이 있었으니…….

맥주병을 비운 몇몇 친구들이 담배를 나누어 피우기 시작했다.
"아, 나는 괜찮아. 담배 안 피워~."
담배를 거절하고 옆에 있던 남은 맥주를 들이켰다.
그런데,
"으악!"
맛이 이상했다. 알고 보니 내가 들이킨 것은 남은 맥주가 아니
라 옆에 있는 랄프가 버린 담뱃재였다. 내가 착각하고 왼쪽에 있
는 랄프의 맥주병을 마신 것이다. 천만 다행히 삼키지는 않았다.
대신 "으아악!" 하는 비명과 함께 바로 오만상을 찌푸리며 호수
물로 입을 마구잡이로 헹궜다. 그들은 약 3초간 눈이 휘둥그레지
더니 이내 곧 상황을 파악하고 모두 박장대소했다. 졸지에 오늘

가장 웃긴 코리안 걸이 돼버렸다.

　　나도 같이 웃고 싶었는데, 결국 또 그들만 웃겼다. 아이고, 괜찮

아. 웃음을 줬으니!

말라위 길 위에서

덜컥 겁이 났다. 아무리 한치 앞을 모르는 게 여행이라지만, 돌발 상황이 생기면 겁이 나는 건 어쩔 수 없나 보다. 이날의 계획은 음주주에서 버스를 타고 산 밑 마을 '치팀바'에 도착한 후, 산 위로 올라가는 트럭을 타고 '머쉬룸팜'이라는 산 중턱에 있는 멋진 캠핑장에 도착하는 것이었다.

오후 네 시쯤, 불편한 미니버스를 타고 치팀바에 도착했다. 배낭을 다시 메기도 전에 바로 앞에 산 위로 출발하기 직전인 트럭이 보였다.

'아싸! 운도 좋아라.'

내가 내리자마자 현지인이 와서 묻는다.

"Hi~, 너 머쉬룸팜 캠핑장 갈 거면 이거 타야 돼."

"얼마야?"

"2,500인데 너 짐도 있어서 1,000 추가 돼."

"뭐? 그럼 됐어. 안 탈래."

내가 알고 있던 가격에서 거의 두 배를 뻥튀기한 가격을 부르는 것이다.

"이거 오늘 마지막 차라 너 지금 안 타면 오늘 못 올라가! 진짜 안 탈거야?"

"응. 너무 비싸."

한 번 튕기면 조금 깎아줄 줄 알았는데 그는 곧바로 돌아서서 출발해버렸다. 그런데 잠시 후 알고 보니 저 트럭은 정말 오늘의 마지막 차였고, 나는 더 이상 갈 방법이 없어졌다. 한 번 거절하고 돌아서면 흥정을 해주는 아프리카 방식에 물들대로 물들어 있던 내가 자초한 대참사였다.

'아, 이제 어쩌지……'

급하게 지도를 켜고 가까운 숙소를 검색했다. 그리고 1.2킬로미터 정도 떨어진 곳에 있는 숙소를 찾아내 그곳으로 걷기 시작했다. 해가 지기 전에 도착해야 한다는 압박에 발걸음이 급했다. 배낭은 왜 이렇게 무거운지, 왜 걸어도 걸어도 끝이 보이지 않는지. 3분의 2 정도 걸었을까, 코너를 돌려는데 어떤 남자애가 나를 불렀다.

"Hey! 너 어디 숙소 가고 있어?"

"나 하쿠나마타타 롯지로 가는 중이야!"

"왜 거기로 가? 거기보다 그 옆에 있는 치팀바 롯지가 더 좋아!"

"왜? 뭐가 달라? 난 가격 저렴한 곳이 더 좋아."

"치팀바 롯지로 가~. 아마 가격은 조금 더 비쌀 텐데 시설이랑 나오는 음식이 훨씬 좋아."

"아, 괜찮아. 나 텐트가 있어서 그냥 저렴한 곳 가고 싶어."

"너 텐트 있어? 오! 그럼 우리 마을에 텐트치고 자! Come on Come on!"

롯지를 추천하다 말고 갑자기 자기 마을로 데려간다. 사실 걸어오면서 그냥 이쪽 마을 아무 마당에나 텐트치고 잠만 자고 아침 일찍 떠나고 싶단 생각을 안한 건 아니었기에 텐트 칠 자리를 내주겠다는 그를 따라갔다.

들어보니 그의 할아버지가 이 마을의 우두머리(?)고, 땅 또한 자기 집안 소유라 여기 사는 사람들에게 돈을 받고 있다고 했다. 쉽게 말해 땅 주인인 것이다. 그는 그의 여자 친척들이 사는 집 사이에 내 자리를 내줬다. 그렇게 '와, 이런 곳에서는 사람들이 어떻게 살아갈까?' 생각하면서 버스 타고 지나쳐만 왔던, 그런 낯선 리얼 말라위 마을에서 하루 동안 묵게 됐다.

그의 이름은 '밥'. 밥은 나에게 과할 정도로 친절을 베풀었다. 직접 포대기를 깔아주고, 내가 할 수 있으니 됐다고 거절해도 자기가 해준다며 텐트 치기를 기어코 도와줬다. 과한 친절에 약간 거부감을 느낀 나는 처음 사람을 만날 때 항상 그랬듯 모든 감각을 동원해 '이곳은 안전한 걸까? 이 사람은 착한 사람일까? 혹시

내가 위험에 빠지면 빠져나올 수 있는 상황일까?'를 잠시 동안 생각했다. 밥은 약간 양아치처럼 생겼지만 긍정적이고 착한 친구였다. 이런 식으로 사귄 나와 같은 외국인 친구가 꽤 있다는 점과 그의 친척들이 짓는 따뜻한 웃음에 곧 안심이 됐다.

마을 구경을 하는 도중, 저 멀리 사람들이 한 곳에 모여 알 수 없는 노래를 부르고 있었다.

"저게 뭐야?"

"아, 오늘 축구경기가 있어. 우리 마을하고 저쪽 마을 대결. 엄청 큰 대회야. 나도 돈을 걸었어."

어린 꼬꼬마 아이들부터 어른까지. 운동장의 열기는 월드컵 저리 가라였다. 한 팀이 골을 넣으면 구경하던 사람 모두가 경기장으로 우르르 뛰쳐나가 세레머니를 할 정도였으니까.

타이밍 좋게 마을의 큰 행사가 있는 날 머물게 돼 축구경기도

구경할 수 있었다. 아마 거기 있던 사람들은 내가 등장한 이후로 축구가 아닌 나를 구경하는 듯 했지만 말이다.

'저녁은 어떡하지? 밥한테 식당 추천해달라고 해야겠다. 언제 말하지? 지금 먹고 싶은데……'

배가 고파 죽을 지경이었다.

"밥! 저녁 먹을 식당 추천해줄 수 있어?"

"저녁? Don't worry, Don't worry! 걱정 하지 마! 너 말라위 음식 먹어봤어? 이따 우리 집 Girl들이 요리할 거야. 같이 먹으면 돼!"

저녁이 되자 그의 가족인지 이웃인지 모를 여자들이 모두 모여 요리를 시작했고, 잠시 후 나는 전통음식인 시마(옥수수 가루로 만든 떡 비슷한 말라위의 주식)와 멸치, 콩 반찬이 있는 꽤 푸짐한 저녁을 먹을 수 있었다. 전기도 들어오지 않아 휴대폰 플래쉬에 의존

해 한 손으로는 휴대폰을 들고 다른 한 손으로는 음식을 집어 먹었다. 오늘 먹은 거라곤 빵 한 쪼가리밖에 없었는지라 정말 맛있게 먹었다. 접시를 거의 비웠을 때 쯤, 멸치 국물에 둥둥 떠다니는 개미 사체를 발견하기 전까지는 말이다.

"쌀 좋아해? 쌀 요리도 있으니까 돈 워리, 돈 워리! 또 요리할 거야. 하쿠나마타타('다 잘 될 거야', '근심 걱정 떨쳐버려'라는 뜻의 스와힐리어)!"

한 시간 후, 그가 3인분은 되는 듯한 양의 계란 토마토 밥(?)을 주었다. 이제 그만 먹어도 되는데…… 줬으니 먹지 뭐! 와! 정말 나 오늘 먹을 복 터졌구나! 마을 사람들의 주목을 한 몸에 받으며 재밌는 저녁 식사 시간을 보냈다.

다먹고 나니 개미가 떠 있던 나의 저녁

자야 할 시간이 돼 텐트 쪽으로 돌아왔다. 그런데 밥은 새벽에 위험할 수 있으니 나를 보호해야 한다며 내 텐트 바로 옆에 포대기를 깔고 잠자리를 만들기 시작했다. 아니, 부담스럽게 이게 뭐 하는 거지?

"괜찮아, 네 집에 들어가서 자!"라고 계속 말했지만 무슨 일 있으면 모두 자기 책임이니 여기 있겠다고 했다. 그래도 모든 게 다 괜찮았다. 이때까지는.

밤이 늦어 콜라를 하나 마시고 들어가서 자려고 하는데, 그가 자꾸 할 말이 남은 듯 나를 붙잡는다.

"잠시만, 잠시만. 좀만 더 이야기하자. 좀만 더 여기 있어."

그렇게 또 대화를 하다가 "나 이제 졸려. 텐트에 들어갈래" 하고 일어서는데도 술에 취해 이상한 발음으로 "잠깐만 앉아봐"라며 잡는다. 그리고서는 하는 말.

"세화, 여기는 아프리카야. 네가 남자친구나 남편이 있다고 해도 그들은 멀리 있고, 여기서 네가 뭘 해도 아무도 몰라. 모두 시크릿이야."

밥은 이 말을 시작으로 뒤에 무언가 한참을 더 말했다. 무언가를 열심히 돌려 돌려 말하는 듯 해보였지만 안타깝게도 나는 돌려서 말하는 걸 모두 이해할 만큼 영어 실력이 좋지 않았다. 하지만 느낌상 "같이 자자"라는 뜻임은 알 수 있었다.

"응, 알아. 그런데 그건 네 생각이고, 한국 사람들, 그러니까 나는 그렇게 생각 안 해. 이해해줘!"

내가 텐트로 들어간 후에도 그는 자꾸 내 텐트 옆에 자리를 잡고서는 영 알아들을 수 없는 발음으로 중얼중얼 댔다(이것도 계속 "같이 자자"고 설득하는 그런 말들이었다). 그러다 갑자기 텐트에 대고 '쪽' 소리를 내더니 "너도 kiss 해줘"라고 말하는 것이다. 갑자기 짜증이 확 솟구쳤다.

"밥, 너 대체 왜 그래? 나 이런 거 싫어. 원하지 않아. 문화 차이일 수도 있지만 나는 원하지 않으니 하지 말아줘."

시무룩해진 밥은 옆에서 조용히 잠들었다.

나는 허무하고 씁쓸한 마음에 잠이 오지 않았다. 그는 다른 이들처럼 돈을 요구하지도, 자기 비즈니스에 나를 끌어들이지도 않았다. 정말 온전히 사람 만나는 것을 좋아하고 나의 말라위 여행을 더 의미 있게 해주고 싶어 하는 그런 착한 친구였다. "하쿠나마타타"를 입에 달고 살며 신앙심이 깊은 그는 그리 나쁜 사람처럼 느껴지지 않았다. 그런데 저녁에 이런 해프닝이 있고 나니 그를 어떻게 기억해야 할지 도통 모르겠다. '혹시' 하고 단순히 한 번 찔러본 걸까, 아니면 이것을 목적으로 잘해 준 걸까.

시간이 지나고 그에 대한 좋은 기억만이 더 진하게 물들길 바랄뿐이다.

 아무한테도 말하지 못한 비밀

'꾸르륵 꾸르륵'

배에서 천둥소리처럼 괴상한 소리가 남과 동시에 극심한 복통에 시달리며 잠에서 깼다. 어제 두 끼나 먹은 저녁 때문인가 보다. 아직 해가 뜰 기미도 안 보이는 꼭두새벽이었다. 밥은 아직도 내텐트 옆에서 코를 골며 세상모르고 자고 있었다.

새벽 세 시. 참을 수 없을 정도로 배가 미친 듯이 아파왔다.

'네 시간만 참자, 네 시간만. 해 뜨자마자 화장실 가면 되니까. 배야, 제발 참아줘.'

집 근처 공용 화장실은 화장실 키를 잃어버린 상태라 어제 저녁에도 밥이 꽤 멀리 있는 다른 화장실로 겨우 데려가줬었다. 이 새벽에 혼자 어제 간 화장실까지 가기에는 위치도 모르겠고 멀리 걷기도 무서웠다. 겨우 다시 잠이 들었지만, 이내 계속되는 복통에 금방 잠에서 깼다. 아, 안 되겠다. 일단 나가서 혼자서라도 화장실을 찾아야겠다.

텐트 문 여는 소리에 밥이 깰까 봐 쥐 죽은 듯 몰래 조용히 문을 열고 나왔다. 휴지도 없어 몇 장 남은 클렌징티슈를 부랴부랴 쟁겨서 말이다. 화장실 문은 여전히 굳게 닫혀 있었고, 나는 배가 아파 곧 쓰러질 지경이었다. 방법은 없었다. 딱 하나밖에……

끝없이 펼쳐진 풀밭 한가운데에 최대한 안 보이는 쪽으로 몸을 숨기고 일을 저질렀다.

"뿌악!"

아, 살았다……. 클렌징티슈 특유의 미끌미끌한 느낌 때문에 찝찝했지만 이렇게 시원할 수 없었다. 내 생에서 최고 수치스러운 상황이자 그 누구에게도 말하지 못한 부끄러운 이야기. 그러나 죽다 살아났던 아찔한 순간이었다. 그 마을의 풀밭에 아직도 미안하다.

⊙ 많이 듣는 질문 Q&A "아프리카에 대한 잘못된 편견"

Q. 더워서 어떻게 살아?

NO! '아프리카' 하면 '더워서 죽는 거 아니야?'라는 생각을 하는 분이 많을 거예요. 하지만 정말 잘못된 편견! 아프리카도 나라마다 기후가 다르고 계절이 있으며 시기에 따라 더울 때도, 시원할 때도, 심지어 추울 때도 있어요. 제가 여행한 때인 8월의 남아공 날씨는 쌀쌀과 추움 사이였고, 나미비아는 내륙은 더웠지만 바닷가 근처는 꽤 춥기도 했어요. 그리고 아프리카 여행 후 새까맣게 타서 올 거라는 주변의 기대와 달리 나름 하얀 피부를 지켜서 돌아왔답니다!

Q. 오지 탐험하러 가는 거야?

아직은 생소한 대륙이기 때문에 '아프리카' 하면 오지 탐험, 사막 등을 떠올리는 것 같아요. 물론 사막이나 화산지대, 사파리 등 오지를 탐험하는 경우도 있지만 아프리카 여행 자체가 모두 오지 탐험인 것은 아니랍니다. 도시, 마을, 시골 등 모두 사람 사는 곳이고 오지 탐험 또한 실컷 할 수 있다는 것이 아프리카 여행의 매력 포인트죠!

Q. 엄청 가난한 곳 아니야? 여행할 수는 있어?

상대적으로 우리나라보다 못살기는 하지만, 우리가 흔히 생각하듯 모두가 병들고 영양실조에 걸려 배가 불룩 나오고, 옷과 신발도 없어서 못 신고 다니는 사람만 있는 것은 아니에요. 번쩍거리는 도시에서 상류층으로 살아가는 사람도 있고, 가난에 힘들어하는 사람들 또한 있습니다. 여행자들이 가는 곳은 대부분 괜찮은 곳이겠죠?

그리고 버스, 기차 등 교통수단과 숙박, 음식 등 여행할 때 필요한 인프라는 꽤 잘 갖춰져 있는 편이에요. 그리고 가장 신기한 점은 나라마다 한국인이 운영하는 '한인 민박' 또는 '한인 식당'이 하나 이상씩 있다는 것! 이것만으로도 든든하지 않나요~?

Q. 물가가 엄청 쌀 것 같아.

나라마다 달라서 답하기 애매하긴 하지만, 대부분 우리나라보다 싼 편입니다. 하지만 아프리카는 여행자들이 경비 부담을 느끼는 대륙이기도 해요. 물가는 저렴하지만 여행하기는 비싸기 때문입니다. 액티비티나 필수로 이용해야 하는 투어, 입장료 등의 비용이 비교적 비싸서 동남아처럼 가벼운 주머니로 여행하기 좋은 곳은 아니에요.

United Republic of Tanzania

탄자니아

우와! 탄자니아 축구선수를 만나다

낯선 눈빛, 말은 하나도 통하지 않음, 가는 곳마다 나를 향하는 수십 개의 눈동자. 하나부터 열까지 낯선 느낌에 절로 긴장이 되는 이곳은 바로 탄자니아다. 말라위에서 탄자니아로 넘어가는 국경에서 입국 수속을 밟는 도중 저번 말라위 숙소에서 만난 캠핑카로 여행하는 프랑스 친구를 우연히 다시 만났다.

"데이비드! WOW! 우리가 여기서 만나다니! 그때 숙소에 나한테 남기고 간 쪽지 잘 봤어. 고마워!"

"응, 그때 떠나려는데 인사를 못해서 쪽지를 쓰고 갔어. 너 여기까지 어떻게 왔어?"

"미니버스 타고. 두 번이나 갈아타느라 힘들었어."

"오늘은 어디로 갈 예정이야?"

"음베야~!"

"이제 여기서 어떻게 가려고? 버스?"

"음⋯⋯, 몰라! 이제부터 알아봐야 돼~."

"나도 음베야 가는데 내 캠핑카 옆자리 한 자리 비어. 여기 타, 그럼!"

"진짜? 나 완전 럭키걸이다. 고마워."

정말 운이 좋게도 나와 그는 목적지가 같았고, 그는 나를 흔쾌히 차에 태워주었다. 아무런 대책 없이 무작정 국경까지 온 것이라 이제부터 어떻게 가야 할지 걱정이었는데, 정말 잘됐다. 결국 이날은 그가 알아놓은 캠핑장에 함께 갔고, 다음날 데이비드와 헤어져 탄자니아의 수도인 다르에스살람까지 가는 버스에 몸을 실었다.

다행히 버스 상태는 아주 좋았다. 그런데 내 몸의 정확히 2.5배 정도 되는 뚱뚱한 아주머니가 옆에 앉으면서 내 이동 시간은 점점 고통의 시간으로 변해갔다. 버스 자리의 경계는 이미 의미가 없어졌고, 나는 찌부가 된 불편한 자세로 굳어 있을 수밖에 없었다. 아주머니와 맞닿은 오른쪽 허벅지가 땀범벅이 됐다.

'아 차라리 컨디션 안 좋은 버스 타는 게 훨씬 낫다⋯⋯.이건 생각지도 못 한 새로운 고통인 걸?'

그렇게 아홉 시간이 지났다. 열두 시간이면 도착한다고 들었는데 GPS를 켜고 핸드폰 지도를 아무리 봐도 다르에스살람까지는 한참이나 남았다.

'밤늦게 다르에스살람에 도착하면 어떡하지…….'

머릿속에는 온통 이 걱정뿐이었다. 그런데 웬걸. 저녁 열한 시쯤, 버스 기사 아저씨가 어떤 길거리 구석에 주차를 했다. 어떤 사람들은 버스에서 내리고 어떤 사람들은 그대로 남아 있었다.

'여기가 다르에스살람인가? 뭐지?

사람들에게 물어보았다. 그런데 영어를 할 줄 아는 사람이 하나도 없는 이곳에서 나의 외침은 '소 귀에 경 읽기' 수준이었다. 그들도 답답하기는 마찬가지였을 것이다. 결국 영어를 아주 조금 하는 남자애가 짧은 영어 단어를 쓰며 몸짓으로 자는 시늉을 했다.

"투데이! (잠 자는 시늉을 하며) 투모로우 모닝! 고고!"

아, 밤이 늦어 여기서 잠을 자고 내일 아침 다시 출발을 하는 모양이었다. 미리 들은 바가 없어 당황스러웠지만 차라리 잘된 일이었다. 새벽에 다르에스살람에 도착하는 건 더 무서울 테니 말이다. 버스는 사람도 많고, 안전하고, 따뜻하고, 공짜고! 나에게 여러모로 아주 좋은 무료숙박 시설이었다.

바로 앞 식당에 가서 저녁을 사먹었다. 방금 전 약간의 영어로 나에게 설명을 해준 남자애가 저녁 주문을 도와줬다. 그러다 그의 친구도 내 앞에 와서 자리에 앉았다.

꽤 세련돼 보이는 스타일리쉬한 흑인 친구였다. 아쉽게도 그는 영어를 전혀 하지 못해서 중간 중간 다른 친구가 번역을 도와줘야 했고, 우리는 구글 수동번역기로 번역을 하며 삐거덕대긴 했지만 열심히 대화를 이어갔다. 알고 보니 이 세련된 남자아이는 탄자니아 국가대표 축구선수라고.

'에이, 설마.'

처음엔 믿지 않았다. 하지만 그가 구글에 자신의 이름이 검색되는 것을 보여줬고, 그의 인스타그램에는 'K'자가 찍힐 정도로 많은 팔로워가 있었다.

와! 진짜 축구선수구나! 나 축구선수 만났다!

그는 훈련을 받다가 무릎에 문제가 생겨서 큰 병원으로 몇 주간 치료하러 다르에스살람으로 가는 길이라고 했다.

밥을 다 먹고 나서는 버스에서 혼자 핸드폰을 미니극장 삼아 <응답하라 1988>을 보고 있었는데, 그가 와서 같이 보자고 하더니 핸드폰을 내 눈높이에 맞춰 오랫동안 묵묵히 들어주었다. 그렇게 그와 이어폰을 한쪽씩 나눠 끼고 한참 동안 드라마를 함께 봤다.

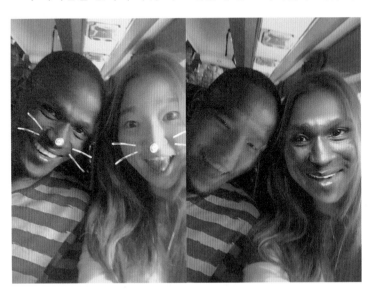

무슨 말인지 하나도 이해를 못했을 텐데 말이다. 버스가 출발하기 전, 아직 깜깜한 새벽에 그는 밖에서 양치를 하고 오더니 내가 쓸 양칫물까지 떠와 버스 아래에서 내 자리 높은 창가로 낑낑거리며 나에게 건네줬다. 자칫 그의 스윗함에 반해버릴 뻔했다.

또 그는 내가 다르에스살람에 도착한 후에도 숙소에 가는 길까지 함께 바자지(탄자니아의 흔한 교통수단. 툭툭과 비슷한 세발 달린 교통수단)를 타고 데려다줬고, 자기 사비를 들여 다시 바자지를 타고 돌아갔다.

그리고 내 기억이 흐릿해지고 있을 때쯤, 한국에 돌아온 나에게 인스타그램으로 연락이 왔다.

"세화, 나 정말 이상하게 네가 너무 생각나. 내가 왜 그러는지 나도 모르겠어. 너무 그립다. 잘 지내지?"

영어라곤 "Hi"밖에 모르던 그가 이 말을 하려고 번역기를 얼마나 두드렸을까.

"나는 잘 지내. 나도 너 많이 생각나. 무릎은 괜찮니?"

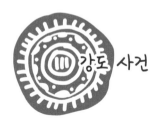

강도 사건

지독히 외로우면서도 좋았던 말라위에서의 시간을 뒤로 하고 드디어 아프리카 종단의 중반을 알리는 탄자니아로 넘어왔다. 한국인이 너무 그리웠다. 특별한 이유가 아니면 딱히 한인민박을 찾지 않았지만 다르에스살람에 도착하자마자 탄자니아에 거주하면서 부업으로 게스트하우스를 한다는 덩이 오빠네를 찾아갔다. 위치도 좋지 않고 그리 저렴한 숙소가 아님에도 불구하고 단지 한국인이 만나고 싶어서 갔다. 한 가지 핑계를 더하자면, 다르에스살람은 치안이 안 좋기로 유명해서 안전지대를 찾고 싶었다. 그렇게 찾아간 게스트하우스에서 사장님인 덩이 오빠는 내가 도착하자마자 라면을 끓여주고, 저녁에 삼겹살을 주는 등 처음 보는 나를 친동생처럼 챙겨줬다.

그 날 오후, 아프리카 커뮤니티를 통해 한국인 어떤 여자 분에게 연락이 왔다. 다르에스살람 시내를 같이 돌아다니자고 했다.

치안이 안 좋기로 워낙 악명 높은 도시이기 때문에 나도 동행과 함께 다니는 게 더 좋을 거라 생각했다.

나에게 연락한 미숙 언니와 약속 시간을 정하고 시간에 맞춰 약속한 어떤 플라자 앞으로 나갔다. 평소에는 천 원, 2천 원이라도 아끼려고 웬만한 거리는 걸어 다니곤 했지만, 이날따라 유독 푹푹 찌는 더위에 결국 바자지(툭툭)를 타고 약속장소에 15분 일찍 도착했다.

"저는 지금 도착해 있어요~. 도착하면 연락주세요!"

"네, 저는 현지인 친구가 차 태워준다고 해서 5분 안에 도착해요~."

그런데 이상했다. 이 메시지를 마지막으로 미숙 언니는 30분이 지나도, 한 시간이 지나도 약속 장소에 나타나지 않았다. 혹시나 하는 마음에 덩이 오빠에게 연락을 했고, 오빠는 불길함을 직감했는지 언니가 누구인지도, 어디에 있는지도 모르면서 하던 일을 모두 멈추고 차를 끌고 동네 곳곳을 누비며 찾아다녔다.

'이렇게까지……?'

사실 이때까지만 해도 나는 언니가 다른 곳으로 샜거나, 애매한 약속 장소 때문에 나와 엇갈렸다고 생각했다. 한 시간이 더 흘렀다.

그런데, 아니, 이럴 수가.

페이스북의 유명한 여행그룹 '여행에 미치다'에 도움 요청 글이 올라왔다. 나와 만나기로 약속한 그 사람의 이름으로 말이다.

올라온 글은 영문으로 급하게 쓴 글이었다.

탄자니아 다르에스살람에 계시는 분이 있다면 저를 도와주실 수 있나요? 방금 차를 타고 가다 강도를 당했습니다. 모든 걸 빼앗겼어요. 지금은 경찰 핸드폰을 빌려 글을 씁니다. 저는 지금 경찰서에 있습니다. 누군가 제발 도와주세요.

심장이 쿵 내려앉았다. 이 글을 먼저 본 탄자니아 어느 한 여행자가 탄자니아 단체 카톡방에 글을 공유했고, 그 방에 있던 내가 이 소식을 바로 접한 것이다. 덩이 오빠에게 빠르게 연락하고 우리는 차를 타고 경찰서로 달려갔다.

경찰서에 도착하고도 20분 정도를 밖에서 기다려야 했다. 그 짧은 20분 동안에도 각종 도난사고를 당한 여행자들이 경위서를 작성하고 경찰서를 오가는 중이었다. 기다림 끝에 경찰 한 명이 우리에게 이쪽으로 오라고 손짓했고, 우리를 어떤 방으로 안내했다. 방문을 여니 바로 앞에 키가 작은 한국인 여자 한 명이 앉아 있었다. 나와 만나기로 한 미숙 언니였다. 보자마자 울음을 터뜨리는 언니를 보고 나도 따라 터져 나오는 눈물을 꾹 참았다. 언니의 눈은 실핏줄이 다 터져 빨갛게 부어올라 있었고 목에는 손자국이 선명했다. 마음이 아려왔다.

나중에 상황을 들었는데 약속 장소로 향하다가 어떤 인상 좋은 할아버지가 말을 걸어왔고, 할아버지가 소개해준 학교 선생님이라는 사람이 저 앞에 경찰이 서 있는 곳을 가리키며 "저기 경찰 있는 곳까지 태워다줄게. 타!"라고 했다고. 경찰도 앞에 보이니 안심하고 탄 차에서 강도를 당한 것이다. 순식간에 남자 다섯 명이 차에 올라탔고, 카드 핀 번호를 말하라고 협박하고 폭력을 휘두르며 모든 걸 털어갔다고 한다. 평소에 나보다도 주변을 더 경계하며 조심하던 언니인데, 인상 좋은 할아버지에게 잠시 경계를 풀었다가 이런 불상사를 당한 것이다.

그나마 다행인 것은 언니가 순발력을 발휘해 주머니에 있던 멀미약 한 알을 핑계로 금방 빠져나왔다고 한다. 덩이 오빠에게 들어보니 이곳에서는 태권도를 하는 건장한 남성도 잡히면 네 시간씩 꼼짝 못하고 납치를 당하기도 한다고.

큰 충격 때문에 여행을 중단하고 한국으로 돌아가려던 언니는 며칠간 덩이 오빠 집에서 요양(?)을 하며 지냈다. 그리고 끝내 우리의 응원에 용기를 얻어 며칠 뒤 남자동행을 구해 잠비아로 가는 타자라 기차(탄자니아와 잠비아를 잇는 기차로 풍경이 아름다워 '낭만기차'라고도 부른다. 2박3일 동안 타야 하지만 아름다운 풍경 때문에 여행자들의 필수 코스로 손꼽히기도 한다)를 타러 갔다.

그런데 며칠 후 안 좋은 소식이 들려왔다. 이번에는 언니와 동행한 오빠의 짐이 기차에서 싸그리 털려 결국 다시 다르에스살람으로 돌아온다는 소식이었다. 여권도 털리는 바람에 잠비아로 가지도 못하는 상황이었던 것이다. 언니의 남은 여행을 누구보다 더 간절히 응원했지만, 결국 둘은 한국으로 돌아가는 여정을 택했다. 험난했을 아프리카에서의 여정을 잘 이겨냈다고 박수를 보내면서, 같이 나쁜 놈들을 저주하면서, 서로를 위로하면서 우리는 짧고 굵은 인연을 뒤로 하고 헤어졌다.

사실 미숙 언니는 끔찍한 일이 난 당일에도 의연하게 말했다.

"나는 근데 차 안에 있는 그 순간에도 느낌상 '죽진 않겠다' 싶었어."

오히려 울상은 나였고, 언니는 그 와중에도 이 상황에서 '다행인 것'을 나열하고 있었다.

"카드를 두 개 나눠놔서 다행이지. 가방에 핑계댈 만한 약이 있어서 다행이지" 등……

'언니가 괜찮은 척을 하는 건가?' 싶을 정도로 바로는 아니지만 금방 회복된 모습을 보였다.

그렇다. 시련의 객관적 깊이는 아무도 측정할 수 없다. 중요한 것은 시련의 냉혹함이 아니라 그 시련을 대하는 나의 자세라고 하지 않았던가? 나는 이 말을 이제야 이해할 수 있었다.

고난은 누구에게나 찾아오지만, 그 정도는 고통을 대하는 자세에 따라 다르다.

돌부리에 걸려 넘어졌을 때 죽을 만큼 아프지만 일단 일어서는 사람과 계속 쓰러져 있는 사람, 몸과 마음에 병이 들었을 때 자신에게 맞는 약을 찾는 사람과 걱정과 후회라는 달콤한 독약에 빠져 쉽게 헤어 나오지 못 하는 사람.

언니의 의연한 모습을 보면서 생각했다. 미숙 언니는 앞으로 어떤 시련이 닥쳐와도 아파할지언정 쓰러지지는 않을 사람이겠구나.

한 여름 밤의 꿈

"아, 정말 좋다."

아프리카 여행 중반쯤 내게 주는 선물 같았던 곳, 잔지바르. 천국 같다는 다른 여행자들의 이야기를 듣고 기대감이 부풀어 올라 있었는데, 역시 잔지바르는 그런 나를 실망시키지 않았다. 다르에스살람에서 배로 세 시간 정도 떨어진 거리에 있는 이 섬은 아프리카, 유럽, 아랍, 인도의 이질적인 문화가 공존하는 독특한 곳이다. 아프리카

의 보석이라고 불리는 만큼 신혼여행지로도 각광받고 있는 곳!

　나는 이곳에서 충분히 쉬되 이 편안함이 익숙해지기 전에 떠나기로 했다. 다르에스살람에서 겪은 안 좋은 일 때문에 마음이 딱딱하게 굳어버렸지만, 잔지바르에 도착하자마자 굳었던 내 마음은 단번에 흐물흐물 녹아버렸다.

　이곳의 바다는 내가 지금껏 살면서 본 바다 색깔 중 가장 에메랄드 빛과 유사했다. 잔지바르 북쪽의 유명한 능귀 해변에서 일몰을 보며 마신 칵테일은 어느 때보다 더 달콤했고, 바다 한가운데 모래섬에서 과일을 무제한으로 먹으며 구경한 아프리카 버스킹은 어느 때보다 더 흥이 났다. 아무것도 하지 않고 한참 바라보기만 해도 좋은 바다. 유토피아가 있다면 이런 모습일까?

　절반쯤 와서 나 참 고생했다고, 이런 천국 같은 곳에서는 걱정 없이 마음껏 뒹굴어보자며 꽤 좋은 수영장 딸린 호스텔에 며칠 묵기도 하고, 보트 투어를 하기도 하고, 야시장에서 원 없이 먹기도 하면서 약간은 시들었던 기분을 재충전했다.

오 마이 스트레스

킬리만자로 산이 있다는 탄자니아 북부 '모시' 지역에 도착했다. 킬리만자로 산 등반을 하고 싶었지만, 베이스캠프까지 가는 비용만 해도 최소 110만 원이 넘는다는 말에 킬리만자로 트레킹은 엄두도 낼 수 없었다. 사실 말라위에서 만난 독일 여자애가 다녀온 사진을 보니 풍경이 히말라야에 비해 크게 매력적이지 않았다. 내가 못 가니 그렇게 생각하고 싶었던 것일지도 모르겠지만. 킬리만자로 트레킹을 하지 않더라도 '모시'는 마음 편히 쉬기 좋은 곳으로 여행자들에게 사랑받는 지역이다. 나 또한 모시의 편안하고 아늑한 분위기가 마음에 들었다.

케냐로 가는 버스티켓을 사려고 버스티켓 판매소로 걸어가고 있었다. 판매소에 다 와갈 때쯤, 횡단보도에서 어떤 남자가 자연스러운 영어로 말을 걸어왔다.

'엥? 뭐지?'

영어가 거의 통하지 않는 이 나라에서 간만에 익숙한 영어가 들려오니 반가웠다.

"하이! 어디 가는 중이야?"

"안녕, 케냐로 가는 버스표 사러 가고 있어."

"아, 그래? 내가 도와줄게. 같이 가자."

'응? 무슨 꿍수지?'

잠시 경계를 했다. 하지만 그는 순수하게 나이로비로 가는 버스 회사를 알려주고, 내가 스스로 결정하고 표를 살 때까지 기다려줬다.

"킬리만자로 산은 도대체 어디서 볼 수 있는 거야? 아직도 못 봤거든. 올라가지는 못해도 보고는 싶은데."

"여기 아주 좋은 포인트가 있어! 이 건물 계단으로 올라가면 킬리만자로가 보여."

그와 함께 그가 말해준 좋은 뷰 포인트로 올라갔다. 하지만 오늘은 구름이 많이 껴서 멋진 킬리만자로 설산은커녕 애꿎은 먹구름만 보일 뿐이었다.

"오늘은 구름이 많이 껴서 산이 안 보이네. 아쉽다. 내일 오면 볼 수 있을 거야!"

"응, 아쉽다. 알겠어, 땡큐!"

"사실 내가 여기 근처에서 친구랑 조그만 기념품 가게를 운영하고 있어. 잠시 구경할래?"

아, 역시는 역시다. 나에게 먼저 말을 걸고 친절을 베푸는 사람들은 관광객 대상 사업을 하는 사람이 대부분이었는데, 이번에도 역시 마찬가지였다. 그래도 버스표 사는 것도 도와줬고, 몰랐던 좋은 뷰 포인트도 소개시켜줬고, ATM기기 찾기도 도와줬으니 이 정도 부탁은 들어주지, 뭐!

"응, 구경은 할 수 있는데, 나 뭐든 살 마음은 없어."

"괜찮아. 와서 구경해 봐!"

그에겐 미안하지만, 정말 구경만 하고 나왔다.

"그런데 너 어떻게 그렇게 영어를 잘해? 탄자니아 사람들은 대부분 영어를 잘 못하더라고."

"아, 나는 대학교 영어 선생님이야."

"오, 진짜? 어디 학교?"

그는 알고 보니 대학교에서 영어를 가르치는 선생님이었다. 내가 학교에 관심을 보이니 원한다면 학교 구경을 시켜주겠다며 나를 초대했다.

20분쯤 걸어갔을까. 멋진 캠퍼스를 기대하진 않았지만 허름한 건물 몇 개 정도는 있는 대학교일 거라 생각했다. 그러나 도착한 곳은 초라한 건물의 한 층. 대학교라 하기도 민망한 외관이었다. 나중에 알았는데 이곳은 대학이라기보다 호텔리어를 꿈꾸는 학생들이 공부하는 전문학교 같은 곳이었다. 지금은 학생들 대부분이 실습을 나가는 기간이어서 학생이 몇 없다고.

그는 곧 영어 수업이 있으니 함께 들어가자고 했다. 와! 영어수업에 참여하다니! 설레는 표정을 감추지 못하고 강의실로 쫄래쫄래 따라 들어갔다. 기대하진 않았지만 막상 보니 "헉" 소리가 나는 교실이었다. 어두침침한 직사각형 교실, 책상도 없이 의자만 주르륵 놓여 있는 교실인지 휴게실인지 분간이 안 가는 곳이었다. 곧 여학생 세 명이 수업에 들어왔다.

"Hi!"

불청객인 나를 불편하게 느끼지 않도록, 최대한 밝고 편안하게 인사했다. 이게 정규 수업인지, 나를 위해 급히 편성된 수업인지 잘 모르겠지만 어쨌든 영어 수업은 시작됐다.

"They 뒤에는 are이, I 뒤에는 am이, You 뒤에는 are이 와요, He와 She 뒤에 오는 일반 동사에는 's'를 붙여야 해요."

기본적인 문법 수업을 하다 선생님의 제안으로 졸지에 나는 학

생들의 상황극 파트너가 됐다. 세 명 모두 수줍게 웃으며 소심하게 대화를 하니 곧 선생님의 피드백이 끊임없이 이어졌다.

"더 크게 해야 해. 고객과 눈을 맞추는 일은 정말 중요해요. 자신감 있고 큰 목소리로!"

다행히 내가 소화할 수 있는 간단한 회화 역할극이었다. 학생들은 내가 "남자친구 있어요?" 같은 질문을 하니 그제서야 나에게 환한 웃음을 보였다.

영어 수업 시간이 끝나고 나니 배가 고파졌다. 그에게 주변에 저렴한 로컬 식당이 없는지 물어본 후 내가 사줄 테니 함께 가자고 제안했다. 나에게 특별한 경험을 하게 해준 그에게 고마우니 이 정도는 내가 쏘겠어! 하는 마음으로. 그런데, 예상치 못한 일이 생기고 말았다. 나가려는 순간 그와 그의 학교 관계자들이 나를 불러서 팜플렛을 가리키며 이 학교에 대한 설명을 늘어놓기 시작했다. 그리고 학교에서 추진해서 찍은 영화 CD를 구매해달라고 기부를 요구했다.

"미안. 내가 방금 오기 전에 딱 내일까지 먹을 식비, 숙박비만 계산해서 돈을 뽑아서 그 외 지출을 할 수가 없어."

정중히 거절을 하고 밥을 먹으러 식당으로 향하는데, 다른 친구 한 명이 뒤따라왔다.

"혹시 내 친구도 사줄 수 있어?"

갑자기 황당한 소리를 한다.

"미안. 나는 너한테 고마워서 사는 거야. 돈도 충분치 않고. 네 친구는 지금 처음 봤는걸?"

밥을 먹고 나서는 더 황당하고 어이없는 일이 벌어졌다. 또다시 나에게 기부금을 요구하는 것이다. 여기 다니는 학생들은 어려운 환경에서 공부하고 있고, 기부금은 정말 좋은 곳에 쓰일 거라면서 말이다.

"Hey……, 너 왜 그걸 이제 말하는 거야? 오전에 직접 봤잖아, 나 딱 오늘이랑 내일 필요한 돈만 계산해서 뽑은 거! 미안하지만 준다 해도 정말 조금밖에 못 줘."

"괜찮아. 뭐든 안 하는 것보다 낫지."

그래서 나는 그에게 지갑에 있던 1,000실링(500원)을 건넸다. 그는 곧 당황한 표정으로 비웃으며 말했다.

"Hey……, 너 1,000실링이 어느 정도인 줄 아는 거야? 너무 적어. 다른 사람들은 이렇게 말하면 10,000실링 정도는 줘. 그래, 알겠어. 그러면 너는 7,000실링만 줘!"

기분이 안 좋아지기 시작했다. '기부'인데 왜 금액을 정해주는 거지? 그리고 기부가 필요한 프로그램이라는 걸 왜 이제 와서 말하지? 나는 당황한 표정으로 대답했다.

"나 그만큼 주면 오늘 저녁도 못 먹고 내일 아침도 못 먹어. 너 왜 기부 이야기를 이제 와서 하는 거야? 기부해야 하는 줄 알았으면 안 따라왔을 거야. 왜 이제 와서 말하는 거야?"

"네가 먼저 온전히 즐기길 바랐어."

하…… 이를 어찌할까. 돈을 줄 수는 없었다. 아니, 주기도 싫었다. 그러다 내 배낭 안에 있는 아직까지 한 번도 쓰지 않은, 자리만 차지하고 있는 스탠리 물병이 떠올랐다. 친한 친구들이 내가 아프리카로 떠나기 전에 여행에 필요할 듯한 물건을 이것저것 사서 줬는데, 그중 꽤 좋은 스탠리 물병이 있었다. '언젠가 필요하겠지' 하며 가져왔지만 의외로 쓸 일이 전혀 없었다. 오히려 무게도 무겁고 부피만 차지하고 있어서 여행 중에 고마운 사람이 있으면 선물로 주겠다고 생각하고 가지고 다녔다.

"아, 그러면 나 엄청 좋은 스탠리 물병이 있는데 이걸 대신 줄게."

이러려고 아껴온 물병이 아니었는데……. 이 상황을 벗어나려면 방법은 이것뿐이었다. 친구들에게 미안했지만 어쩔 수 없었다. 그들과 함께 물병을 가지러 내 숙소로 왔고, 잠시 밖에서 기다리라고 한 후 물병을 가지고 나왔다. 그런데 그놈들이 숙소에 물이 있으면 물 좀 가져다 달라고 부탁하기에 물을 찾아봤지만 무료로 먹을 수 있는 물은 없었다.

"여기 물이 없대. 미안!"

"저쪽 가면 물 살 수 있어."

뭐? 지금 물병도 안 내키는 거 억지로 주는 건데, 지금 나한테 물까지 사달라고? 기가 찼다.

"나랑 장난해? 야, 너네 이 스탠리 물병 저기 가져다 팔면 물 백 병 사먹고도 남아."

그들도 민망했는지 웃으며 알겠단다.

그 친구 덕분에 탄자니아 대학교도 구경하고, 영어 수업도 들어가는 특별한 경험을 할 수 있었지만 결국에 그 모든 행동이 '기부'를 원해서라는 사실을 아는 순간, 그 실망감은 내게 매우 크게 다가왔다. 기분이 나쁘기 보다는 실망스럽고 답답했다. 잠시 동안 숙소에서 아무것도 하지 않고 속상한 기분을 가라앉혔다.

다시봐도 얄미운 사진

상처만 남은 탄자니아

이렇게 다운된 기분으로 마지막 날을 보낼 수는 없었다. 축 쳐진 몸을 가까스로 일으키며 아까 있었던 일은 잊고 기분 전환을 할 겸 밖으로 나섰다.

'유명한 카페나 가서 커피나 마셔야지!'

카페로 걸어가는데 어떤 한 놈이 또 말을 걸어온다. 뻔한 질문을 주고받다가 이내 곧 자기 기념품 샵을 구경하라고 한다. 무시하고 가기에는 내가 가려는 길과 같은 방향이라 거절하기 애매했다. 구경이나 해보지 뭐.

사실 예쁜 자석이 있으면 살 마음이 있었지만, 그의 가게에는 내 마음에 드는 자석이 하나도 없었다. 자석을 만지작거리다 괜히 말을 돌렸다.

"여기 근처에서 킬리만자로 산 가장 잘 보이는 곳이 어디야?"

그는 내가 자석을 안 살 거라는 것을 눈치챘는지 나를 데리고 나갔다.

"내가 보여줄게. 따라와!"

"아니, 괜찮아 알려만 줘! 혼자 갈 수 있어"

"아니, 같이 가자. 오늘은 내가 가게를 지키지 않아도 돼. 내가 일하는 날이 아니거든! 내가 보여줄게."

"그래? 근데 나 네가 이렇게 해줘도 팁 한 푼도 줄 수 없어."

언제부터 내가 이렇게 야박해졌는가 싶다가도 차라리 이렇게 먼저 쐐기를 박는 편이 낫다는 생각이 들었다.

"물론이지! 진짜 그런 거 바라는 거 아니야! 정말로 나는 그러려고 같이 가자는 거 아니야!"

내가 오해한 게 미안해질 정도로 그는 손사래를 치며 그런 의도가 아니었음을 여러 번 강조했다. 나는 오전에 만난 영어 선생님과 있었던 일에 대해 하소연 아닌 하소연을 하며 그와 함께 걸었다. 조금 걷다보니 저 멀리 킬리만자로 산이 보이는 탁 트인 넓은 기찻길이 나왔다. 이번에도 구름 때문에 킬리만자로 산이 자세히 보이진 않았지만, 그냥 이곳 기찻길 풍경만으로도 충분히 아름다워서 기분이 좋았다.

"너 바나나 비어 알아?"

"그게 뭐야?"

"바나나 비어를 몰라? 여기에서만 먹는 전통 맥주야! 바나나로

만든 맥주인데 끝내줘. 따
라 와봐! 내가 보여줄게."

얼마 떨어지지 않은 곳에
작은 슈퍼마켓이 있었고,
슈퍼마켓 앞에서 마을 사람
들이 테이블에 앉아 삼삼오
오 술을 마시고 있었다. 마
치 우리나라 편의점 앞을 보는 듯 했다. 그가 자연스럽게 슈퍼 주
인에게 바나나 비어 두 병을 시켰다.

"엥? 잠깐만, 이거 얼만데?"

"No problem. Don't worry. 걱정 마, 걱정 마."

뭐지, 자기가 사준다는 건가? 아니면 엄청 저렴한 가격이라 이
러는 건가?

바나나 비어는 시큼하니 맛이 특이했다. 그런데 다른 맥주를
마시고 난 빈 병의 스티커를 떼서 재활용한 흔적이 뚜렷하게 보였
다. 주변 사람들 모두 같은 맥주를 마시고 있는 모습을 보고는 약
간 안심이 됐지만, 뚜껑을 딴 상태로 나오는 것이 워낙 찜찜하기
도 하고 혹시 약을 탔을지도 몰라 의심스러웠다. 맥주를 정말 사
랑하는 나지만, 결국 반 이상 남겨버렸다.

앉아서 한참 동안 그와 이야기를 나눴다. 그는 외국인 친구 사
귀기를 좋아하고, 그래서 외국인 친구가 많은 젊은 남자아이였다.
이야기를 나누다가 슬슬 마무리하고 일어서려고 엉덩이를 때려

는 찰나였다.

"19,000실링 내면 돼."

내 귀를 의심했다. 만구천 실링? 천구백 실링도 아니고, 만구천 실링? 19,000실링은 한화로 약 9,500원 정도다. 말이 9,500원이지, 이 돈이면 여기서 하루 세 끼 식비로 쓰고도 남을 돈이다.

"무슨 말이야?"

"한 병에 9,500실링이라 총 19,000실링이야."

"나랑 장난해? 너 나한테 물어보지도 않고 시켰잖아. 왜 얼마냐고 물었을 때 가격을 말해주지 않았어? 나 이렇게 비쌀 줄 알았으면 안 먹었어."

너무 어처구니가 없고 화가 났다. 왜 탄자니아 사람들은 다 이런 건가…… 죄다 사기꾼인 건가. 또 속은 내가 바보인가?

"미안해. 그건 내 잘못이야. 사과할게."

"나 19,000실링 못 내."

"미안하지만 내야 해."

한참을 실랑이하다가, 결국 15,000실링을 냈다. 지금 생각해보면 자리를 박차고 나오면 되는데 왜 끝내 돈을 내고 왔는지 모르겠지만, 그때는 정신적으로 너무 지쳐서 빨리 상황을 해결하고 숙소로 가고 싶었다. 그냥, 정말로 혼자 있고 싶었다. 빠른 걸음으로 숙소로 걸어가는데 무슨 자기와 손을 잡자느니, Love를 하자느니 이상한 소리를 하기에 싸늘하게 정색한 표정으로 대신 대답하고 헤어졌다.

억울하고 화가 났다. 오늘만 해도 2연타다. 사람을 잘 믿는 내 탓이겠거니, 그들 모두 언젠가 벌 받을 거라고 저주를 하며 스스로를 위로해봤지만 쉽게 마음이 가라앉지 않았다. 결국 아까 주고받은 왓츠앱(우리나라 사람들이 카카오톡을 쓰는 듯이 아프리카에서는 대부분 왓츠앱을 쓴다) 번호로 그에게 장문의 메시지를 보냈다.

내가 기분 나쁜 이유를 아주 논리적으로 적었다. 너 때문에 탄자니아가 싫어지려고 한다는 말을 끝에 덧붙이면서 말이다.

"그런 점은 미안해. 그런데 적은 돈이잖아. 우리 마을을 위해 기부한 거라고 생각해."

"적은 돈? 너한텐 적은 돈일지 몰라도 지금 나에겐 큰돈이야. 그리고 기부? 기부는 내가 원해서 해야지, 이렇게 뜯어 먹히는 기분 들면서 내는 게 기부야?"

그의 뻔뻔한 태도에 더 어처구니가 없었다. 내가 계속 화를 내니 그는 내일 아침 내가 떠나기 전까지 숙소로 와서 돈을 돌려주겠다고 했지만, 역시 끝내 나타나지 않았다.

갑자기 스트레스를 받아서 그런지 머리가 지끈지끈 아파왔다. 딱 다음 날 아침 케냐로 떠나기 전에 필요한 돈만 계산해서 인출했는데 예상치 못한 큰돈을 지출해버렸다. 당장 오늘 저녁을 먹을 밥값이 부족했다. 이대로 밤을 보내면 너무 우울한 날이 될 것 같아 조금 전 가려다가 못 간 카페에 갔다.

에라이, 모르겠다. 꽤 가격이 나가는 달달한 케이크와 커피를 주문하고, 엄마가 비상시에 쓰라고 준, 여태껏 단 한 번도 사용하

지 않은 신용카드를 처음으로
꺼내 들었다.

'엄마, 오늘은 내 기분
에 비상이 걸렸어.'

그놈의 바나나 비어 때문에
이 날 저녁은 천 원짜리 눈물겨
운 계란포테이토로 배를 채울 수밖에 없었다. 아, 서러워라.

미처 알지 못했던 것들

며칠 전, 탄자니아에서 끔찍한 차량 강도를 당한 미숙 언니가
이렇게 말했다.

"나는 그런 일을 겪고도 탄자니아가 싫지는 않았어. 미워하기
에는 아직은 나라가 발전하는 과정에서 충분히 벌어질 수 있는 일
이구나 싶더라고. 우리나라도 그렇고, 세계 어느 나라에서나 일어
날 수 있는 일일 거야. 그 배경도 이해하게 됐고."

"언니, 언니 정말 한수 위네요. 저는 그동안 계속 탄자니아를
미워하고 있었거든요. 근데 언니 말이 맞는 것 같아요."

그렇다. 아프리카는 불안정한 청소년기를 보내며 성장통을 겪
고 있는 대륙이다. 나에게 못되게 군 이 사람들을 미워하기 전에,
이런 열악한 아프리카의 환경을 원망하기 전에, 아프리카와

　　왜 세계는 이렇게 변해가는데 아프리카는 가난, 질병, 전쟁 등의 굴레에서 벗어나지 못하는지. 그 이유를 둘러싼 수많은 이유와 그들의 억울함을 부끄럽게도 나는 전혀 알지 못했다. 사실은 그들이 이런 생존 방식을 택할 수밖에 없는 배경이 너무나도 뚜렷한데 말이다.

　　며칠 전 언니가 추천해준 『아프리카에는 아프리카가 없다』라는 책을 읽고 비로소 나에게 사기를 치고 바가지를 씌우려고 노력하던 사람들을, 길에서 구걸하던 아이들을 조금은 마음 한구석에 품을 수 있게 됐다. 여행할 때 이런 것들을 알았더라면 좀 더 아프리카를 사랑하며 여행할 수 있었을까?

Republic of Kenya

케냐

시작이 불안해

한 번쯤 속아줘도 괜찮아

여행 권태기

말라리아는 아니겠지?

엎친 데 덮친 불운

모든 건 마음먹기에

케냐의 민낯

시작이 불안해

국경을 넘는 날은 언제나 하루 종일 긴장을 늦출 수가 없다. 무사히 국경을 통과하고 나면 그제야 그 긴장감이 새로운 나라에 대한 설렘으로 바뀌곤 했다.

그런데 케냐는 다른 기운이 느껴졌다. 케냐는 치안이 안 좋기로 워낙 악명 높은 나라이기도 하고, 내가 간 시기는 때마침 대통령 재선거 때문에 정치적 혼란이 가중되고 있는 상황이었다. 나이로비 시내에서는 대규모 시위가 일어나 진압 세력과 시위대 간 폭력사태가 일어나는 등 위험이 많아 주변 여행자들이 나에게 케냐 여행을 건너뛰라고 조언할 정도였다.

케냐 국경에서 동아프리카 3국 비자(케냐, 우간다, 르완다 3국의 통합비자로 가격은 100달러다. 비자를 각각 받으면 150달러가 드니 50달러를 아끼는 셈이다)를 무사히 받고 수도 나이로비로 향하는 길. 평소라면 '와! 여섯 번째 나라 케냐! 이번 여행도 잘 부탁해!' 하며 마음속으로 속삭였겠지만, 이번엔 설렘은커녕 이미 어둠이 내려앉은 밖을 보며 시작부터 온통 걱정뿐이었다. 게다가 하늘은 내 마음을 아는지 모르는지, 바깥에는 천둥 번개가 치고 거센 비가 내리고 있었다. 탄자니아에서 받은 스트레스가 적지 않게 내 마음을 괴롭혔나보다. 어두컴컴한 밖을 보며 온갖 걱정을 하던 이때부터였을까? 엄청난 두통에 시달리기 시작했다.

저녁 늦게 나이로비 한복판에 내려졌다. GPS를 켜고 지도를 보니 가야 할 숙소는 현재 내 위치에서 700미터 정도 떨어져 있었다. 충분히 걸어갈 거리였지만 비가 오는 데다 케냐에 대한 경계를 늦출 수 없었기에 내 옆에서 말을 거는 택시기사와 협상을 한 후 택시에 올랐다. 비를 쫄딱 맞았지만 어쨌든 금방 무사히 숙소에 도착했다.

그늘진 표정으로 숙소에 도착한 나는 이곳에서 생각지도 못한 사람을 만났다. 예전부터 나와 여행 루트가 같아서 계속 카톡으로 정보를 주고받았지만 일주일 차이로 일정이 항상 빗나가 아직까지 한 번도 만나지 못한 창민 오빠가 그 숙소에 머물고 있던 것이다. "우리 결국 이번 여행에선 한 번도 못 만날 것 같네요"라며 채팅으로 이야기를 했었는데, 딱 오늘 저녁 하루 일정이 우연히 겹친 것이다.

한 살 차이 나는 창민 오빠는 자신이 가지고 있던 라면과 초코

파이를 나누어줬고, 우리는 새벽 한 시 반까지 미친 듯이 수다를 떨었다. 내가 얼마나 억울한 일을 많이 당했는지, 얼마나 탄자니아에서 씁쓸한 일이 많았는지 모두 이야기하면서 말이다. 창민 오빠도 그간 겪은 억울한 일을 하소연했고, 우리는 첫 만남인데도 어색함 하나 없이 밤늦게까지 떠들다 잠이 들었다.

'아— 그래도 이렇게 누군가에게 털어놓고 나니 조금은 마음이 편해지는구나.'

목구멍을 타고 쭉쭉 넘어가는 따뜻한 라면 국물과 함께 고구마처럼 꽉 막힌 속도 내려가는 것 같았다. 엉켜있던 내 마음이 이제야 조금씩 풀어지기 시작한다.

그래, 괜찮아. 이것도 결국 내 여행이고, 이렇게 맵고 짜고 쓴 이야기가 진짜 내 이야기니까.

한 번쯤 속아줘도 괜찮아

    아프리카 여행은 그렇다. 안될 것도 없고 될 것도 없는, 아무것도 정해진 게 없는 곳. 상식이라는 것을 고집하면 안 되는 곳. 갑자기 국경에서 입국 거부를 당하고 "오늘부터 법이 바뀌었어"라고 해도 이상하지 않은 곳.

    나는 바가지 씌우는 것을 정말 싫어해서 항상 바득바득 우겨 기어코 현지인 가격을 내곤 했다. 그들이 나를 '돈'으로 본다는 사실에 단단히 화가 났고, 믿었던 현지인 친구가 결국 돈을 바라고 있음을 알고 정신적으로 많이 피폐해질 때도 있었다.

    '아, 이래서 아프리카 여행이 만만치 않다는 거구나.'

    그리고 여행 중반쯤 돼서야 단단히 조여진 내 마음의 나사 하나를 풀어낼 수 있었다.

한 번쯤 속아줘도 괜찮아.

돈이란 그런 것이다. 예상치 못하게 큰돈을 써버려도 또 예상치 못한 곳에서 아낄 수 있고, 힘들게 아껴온 돈이라도 또 예상치 못하게 나가기 마련이다.

있다가도 없고 없다가도 있는 게 돈이니 집착하지 말라는 엄마의 말이 맞는 것일까.

그래, 한 번쯤 속아줘도 괜찮다.

여행 권태기

　건강 하나는 끔찍하게 좋은 나다. 야무지게 챙겨온 비상약이 무색해질 정도로 튼튼했으니까. 그런데 역시 스트레스가 만병의 근원이라고 하지 않았던가? 탄자니아에서 도망치듯 온 케냐는 내 바람과 달리 지친 몸과 마음을 위로해줄 안식처와는 거리가 멀었다. 나이로비 시내의 공기는 한 번 나갔다 들어오면 검은 코딱지가 나올 만큼 최악중의 최악이었고, 미친 듯이 울려대는 경적 소리와 이러다 곧 폭발할 것 같은, 자동차로 꽉 찬 도로는 보기만 해도 가슴이 턱 막혔다. 이런 환경 때문이었을까. 탄자니아에서부터 나를 괴롭히던 두통은 나아질 생각은커녕 오히려 더 심해지고 있었다.

　둘째 날 돈을 아끼려고 대충 먹은 1,000원짜리 필라우(아프리카

볶음밥)가 문제였을까? 숙소에
도착하자마자 깨질 듯한 두통
에 시달렸다.

1,000원짜리 필라우

'약 먹고 많이 자면 좀 나아
지겠지.'

한 번도 열지 않은 비상약 파
우치에서 주섬주섬 타이레놀을 찾아 꺼냈다. 평소 약발이 정말 잘
받는 나지만, 타이레놀을 먹고 한참 잠을 잤는데도 나아질 기미가
보이지 않았다. 머리가 아파서 잠이 깰 정도였다. 결국, 새벽에 깨
서 폭풍 설사와 세 번의 구토를 하고 말았다.

'아……, 이집트로 바로 넘어가서 쉬다가 한국 갈까? 아니면 그
냥 여기서 한국 갈까?'

여행 비수기라 여행자라곤 일본인 커플밖에 없는 이 숙소에서
아무도 알아주지 않는 고통을 혼자 겪고 있으니 처음으로 집이 생
각났다. 늘 혼자 여행을 다녔고, 그 외로움마저 흔쾌히 받아들이
던 나지만 이번만큼은 마음 한구석이 쓸쓸했다. 그러다 갑자기 불
길한 생각이 들었다.

'그런데 나 혹시 말라리아는 아니겠지? 말라리아 초기 증상이
랑 완전 비슷한데?'

말라리아는 아니겠지?

숙소에서 아침에 무료로 제공되는 따뜻한 차이(인도식 밀크티)를 마시니 두통이 조금 가라앉는 느낌이었다. 새벽에 불안한 마음에 남아공에서 같이 다닌 동기 오빠가 준 말라리아 키트를 사용해보려 했지만 바늘로 내 손을 직접 찔러 피를 내는 일은 생각처럼 쉽지 않았다. 최대한 세게 찔렀는데 야속하게도 피는 나올 생각을 하지 않는다. 수차례 시도해봤지만 거듭되는 실패에 결국 약국에 가서 "제 손을 찔러주세요!" 하고 부탁할 예정이다.

시내에 위치한 꽤 괜찮아 보이는 약국에 들어갔다.

"Hi~, 내가 말라리아 검사를 해봐야 할 것 같은데, 키트는 갖고 있어! 혹시 검사해줄 수 있니?"

그러자 안쪽 방에서 하얀색 가운을 입은 남자가 나와 이쪽으로 들어오라고 했다.

"무료지?"

"오케이. 무료로 해줄게."

우리나라와 달리 케냐의 약국에는 안쪽에 'Laboratory'라는 실험실 비슷한 주사실 같은 곳이 따로 있다. 그는 바늘로 내 네 번째 손가락을 쿡! 찌르고 새빨갛게 흘러나오는 피를 키트에 한 방울 뚝 떨어트렸다. 이렇게 쉬운데 어제 새벽에 혼자 끙끙 씨름을 하고 있었다니.

잠시 후, 키트에 양성 음성을 판단하는 선이 나타나야 하는데 이상하게도 아무 반응도 나타나지 않았다. 그렇게 나는 세 번째 손가락을 한 번 더 찔러야 했다.

"네가 가지고 있는 키트 두 개가 다 문제가 있는 것 같아. 우리가 가지고 있는 새로운 키트로 해야 할 것 같은데?"

그렇게 나는 검지 손가락에도 구멍을 내야 했다.

"으악!"

결과는 다행히 '음성'이었다.

'휴, 다행이다.'

"600실링이야."

"응?"

"말라리아 키트 우리 거 썼잖아. 그 비용!"

"아, 그렇구나. 오 마이 갓.

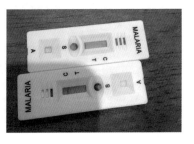

근데 무슨 600실링이야~ 장난치지 마. 이거 엄청 저렴한 거 나도 알고 있거든!"

"그래? 그럼 400실링만 줘."

"왜 이렇게 비싸?"

"너 돈 많잖아~."

돈을 내는 건 당연하지만, 말라리아 키트를 이렇게 비싸게 받는 것은 말도 안 되는 일이다. 동양인 여행자는 무조건 '부자'라는 인식이 깊이 박혀 있어서 그런지 바가지는 어딜 가나 기본인 모양이다.

"나 돈 없어! 아직 학생이라고. 그저 아프리카가 정말 궁금해서 열심히 아르바이트해서 여행 온 거야."

하지만 별 수 있나. 미리 가격 확인을 안한 게 잘못이지. 그래도 일단 말라리아가 아니라 다행이다 싶어 흔쾌히 400실링(한화로

나이로비의 흔한 길거리

4,400원)을 내고 나왔다.

이날 저녁, 두통과 체한 느낌이 조금 가라앉고 정신이 든 후, 이틀 전 숙소에서 만난 창민 오빠에게 연락했다.

"오빠, 저 오빠랑 헤어진 후로 두통에 설사에 배 아파서 엄청 고생했어요. 한국 갈 뻔!"

"헐, 저도 에티오피아 가는 버스에서 배 아파서 죽을 뻔 했어요. 화장실도 못 가고 진짜 지옥 오갔는데…….

"설마, 우리 같이 먹은 라면이랑 초코파이가?"

"그런가 봐요. 미안해요. 순수하게 호의로 준 거였는데 이런 불상사가…….

"괜찮아요! 맛있었으니까 됐어요. 그런데 저는 양반이네요. 오빠는 버스에서 화장실도 못 가고…… 윽!"

엎친 데 덮친 불운

눈물이 핑 돌고 다리가 떨려 이대로 주저앉고 싶었다. 부들부들 떨리는 다리를 간신히 부여잡고 앞으로 계속 걸었다. 상황은 이랬다.

약국에 갔다가 여행사에 들러 내일 갈 투어를 예약하고, 마사이마켓을 구경한 후 숙소로 향하는 길. 붐비는 인파 속에서 사람들에게 거의 밀리듯 걷고 있었다. 그런데 순간 오른쪽 몸이 싸했다. 누군가 멈춰 서서 나를 쳐다보고 있는 듯한 느낌적인 느낌.

'뭐지?'

옆을 쳐다봤다. 그런데 그 순간,

뚜두둑.

어떤 놈의 손이 내 목으로 훅 들어오더니 목걸이를 뜯어갔다.

정말 순식간에 일어난 일이었다. 그놈은 내 목걸이를 뜯어 전력질주로 달아나 순식간에 인파 속으로 사라졌고, 나는 너무 놀라서 비명조차 지르지 못한 채 그대로 얼음이 되어버렸다.

"조심해야 돼."

옆에서 어떤 아주머니가 안타까운 눈빛으로 쳐다보더니 종종 일어나는 일인 것처럼 말했다. 목걸이가 이렇게 쉽게 끊어지는구나. 놀란 마음이 더 커서인지 목의 고통은 전혀 느껴지지 않았다. 후들거리는 다리로 앞만 보고 숙소로 직진했다.

길거리 상인들이 "Hey, 칭총! 이거 보고 가!"라며 내 몸에 손을 댈 때마다, 내 팔을 잡을 때마다 심장이 쿵, 쿵 내려앉았다. 갑자기 모든 사람이 무서워 보이기 시작했다.

항상 안 좋은 일은 한꺼번에 일어난다더니. 탄자니아에서 만난 사기꾼을 시작으로 케냐에서는 끔찍하게 앓고, 목걸이 강도까지 당했다.

'아, 하느님, 왜 저에게 이런 일을 겪게 하시나요.'

숙소에 도착한 후, 아직도 요동치는 심장을 쓸어내리며 생각했다.

'멍청한 것. 그 목걸이 그렇게 비싼 거 아닌데. 보는 눈 더럽게 없네! 지옥 가라! 그런데 상처 하나 안 남은 걸 보니 내 목, 생각보다 튼튼하구나?'

인생은 늘 이런 식이다. 가끔 행운의 순간과 마주하면 '그래도 이 정도면 살만한 인생이지'라고 생각하다가 또 가끔은 드라마 속 비운의 여주인공이 된듯 모든 안 좋은 일이 한꺼번에 몰아쳐 우울해지기도 한다. 나는 이럴 때마다 마음속으로 이렇게 생각한다.

'어쩌면 좋은 타이밍이 오고 있는 걸지도 몰라.'

'어쨌든 결국 해피엔딩일 거야.'

놀랍게도 이런 생각들은 흑백으로 변해가는 내 시선을 오색빛으로 유지시켜주는 데 꽤 도움이 된다.

모든 건 마음먹기에

탄자니아에서부터 스트레스를 받고 마음속에 화가 있으니 참 이상하게도 안 좋은 일이 계속됐다. 몸이 아프기 시작했고, 길거리에서 목걸이를 뜯긴 후엔 모든 사람이 무서워 보이기 시작했다. 끔찍한 두통에 토하고 설사하며 앓은 다음 날,

'뭐 별수 있나?'

사실 알고 있었다. 몸보다 내 기분을 먼저 회복시켜야 함을 말이다. 이내 곧 나만의 기분 회복 프로젝트가 시작됐다. 먼저 내가 묵는 숙소의 직원과 숙소에서 만난 중국인, 일본인 친구들에게 속상한 일을 말하면서 투정 아닌 투정을 부렸다. 내 이야기를 들은 케냐 사람들은 하나같이 대신 미안하다고 말해주었다.

"아니야, 네가 미안할 필요 전혀 없어! 그놈이 나쁜 놈이지!"라

고 대답했지만 그들의 말만으로도 충분히 큰 위로가 됐다.

두 번째, 혼자서라도 멀리 다녀오고 싶은 마음에 헬스게이트, 나이바샤 투어 신청을 했다. 매연 때문에 숨쉬기도 힘들던 시내를 벗어나 탁 트인 풍경에서 좋은 공기를 실컷 마시고 싶었기 때문이다. 친절한 가이드와 함께 세 시간 동안 자전거를 타면서 자연협곡이 펼쳐진 대자연속을 마음껏 누볐다. 실수로 물을 안 챙겨가서 힘들어 죽을 뻔했지만, 다음날 엉덩이가 아파서 앉아있는 것도 힘들었지만, 오랜만에 시원하게 트인 곳에서 맑은 공기를 마시니 머릿속 또한 맑아지는 것 같았다.

헬스게이트 자전거를 타면서, 나이바샤의 아름다운 풍경을 보면서 좋은 기운을 얻고 나니 나를 괴롭히던 기억을 훌훌 털어버릴 수 있었다. 정말 신기하게도 이렇게 화를 없애자 고맙고 좋은 일들이 생겨났다. 에티오피아 대사관에서 만난 높은 분이 시내까지 차로 데려다주기도 했고, 우간다로 가는 길 휴게소에서는 200원이 부족해서 물을 못 사고 안절부절 하고 있는데 어떤 남자애가

와서 200원을 보태주고 부끄러운지 쓱 사라지기도 했다.

　모든 건 마음먹기 달렸나 보다. 끔찍하게 아팠지만, 설상가상으로 목걸이 소매치기를 당했지만, 결국엔 더 좋은 사람들 때문에 케냐를 아주 좋은 나라로 기억할 수 있을 것 같다.

케냐의 민낯

어느 나라나 겉으로 보이는 모습과 다른 이면을 가지고 있기 마련이다. 그 이면은 가난일 수도, 순수함일 수도, 따뜻함일 수도 있겠지. 나는 왠지 모르게 아프리카를 다니는 동안 각 나라마다 그 이면이, 그리고 사람들 사는 이야기가 궁금했다.

사실 케냐는 마사이마라 사파리 투어를 하려고 오는 사람이 많다. 나 또한 마사이마라가 아프리카 여행의 필수 코스 중 하나라고 생각해 꼭 가기로 계획한 곳이었다. 하지만 막상 케냐에 도착해 투어 회사를 알아보고 있자니 뭔가 마음이 내키지 않았다. 나미비아에서 동물을 원 없이 본 터라 마사이마라에 크게 흥미가 생기지 않는데, 케냐에 왔으니까 괜히 꼭 가야만 하는 느낌이었다. 그랬다. 나는 아직도 그 '필수코스'의 굴레에서 벗어나지 못하고 있었다.

며칠 동안 고민하다가 결국 마음이 이끄는 대로 하기로 했다. 필수코스의 강박에서 한 발자국 벗어나 정말 내가 궁금하고 가보고 싶은 곳만 선택해서 가기로 말이다. 그중 하나가 세계에서 가장 큰 슬럼가 중 한 곳인 '키베라' 빈민촌이었다.

케냐는 상대적으로 다른 아프리카 국가보다 훨씬 발전돼있고 높은 빌딩은 물론, 깔끔히 양복을 차려입은 회사원도 유독 많이 보인다. 키베라는 그런 시내에서 약간 떨어져 있는 곳, 혼자 가기에는 위험할 수 있어 꼭 현지인을 끼고 투어로 가야 하는 곳이다. 나는 숙소에서 만난 일본인 친구를 꼬드겨 가이드와 총 세 명이서 키베라를 가게 됐다.

버스 안에서 가이드에게 설명을 간단히 들어보니, 케냐는 빈부격차 때문에 생기는 사회문제로 큰 갈등을 겪고 있다고 한다. 경찰이 되는 과정도 결국에는 돈을 내야 하고, 정부는 가난한 사람을 위해 어떠한 노력도 하지 않는다고 한다. 이런저런 대화를 하면서 지독히도 가난한 동네, 키베라에 도착했다.

사실 슬럼가라 잔뜩 긴장을 할 수밖에 없었다.

'누가 내 모자를 채가면 어떡하지? 돈 달라고 엄청 달라붙으면 어떡하지? 카메라는 꺼내도 되는 건가?'

하지만 내 걱정이 부끄러울 만큼 키베라 사람들은 순수했다. 그 누구도 돈을 요구하지 않았고, 시내에서 그토록 질리게 듣던 "치나!치나!" 소리를 하며 달라붙는 사람도 없었으며, 모두가 호

기심 넘치는 신기한 눈빛으로 따뜻한 인사를 건넬 뿐이었다.

사실 바로 직전까지도 나에게 "머니, 머니"를 외치고 어떻게든 돈을 더 받아내려는 아프리카 사람들을 보면서 이런 행동이 모두 가난에서 비롯된 것이라 생각했다. 하지만 키베라 사람들은 내 편견을 와르르 무너트려줬다.

그들은 좁은 골목에 허리를 숙여야 들어갈 수 있는 허름한 집에서 나름의 삶을 꾸리고 있었다. 온통 갈색 빛을 띄고 있어 자칭 '초콜렛시티'라고도 한다는 이 동네. 집이 있는 곳 외에는 온갖 쓰레기로 덮여있던 마을이었다. 하지만 이 집마저도 직접 살 수 없어 대부분 한 달에 2만 원에서 4만 원 정도의 월세를 내고 집을 빌려 어렵게 살고 있다고 한다.

그런데 참 신기했다. 동네만 보면 지독히 가난해 보이는데, 사람들은 절대 불행해 보이지 않았다. 대부분이 웃고 있었고, 아이들은 행복해 보였다. 사실 카메라를 꺼내는 것조차 미안해서 조심스러웠는데, 오히려 찍어달라고 하나둘 달려들어 카메라 화면 속

자신의 모습을 보며 깔깔깔 좋아하는 아이들. 이들을 보면서 많은 생각이 머릿속에 스쳐 지나갔다.

나는 너무 많은 것을 누리고 살아온 것은 아닐까? 부가 행복의 척도는 아니구나. 장담컨대, 이들은 집 있고 돈 있는 여느 사람들보다 행복한 표정을 짓고 있었다.

오늘, 나는 케냐의 민낯을 보았다. 10년 후 꼭 더 나은 환경에서 자라기를, 그들의 내일은 오늘보다 더 행복하기를 진심으로 바란다.

■ 쉬어가기 코너 '알면 좋은 꿀팁!'

*달러는 최대한 많이 챙기기!
달러가 유용할 때가 많다. 뭐든 달러가 이득! 액티비티 등 큼직한 지출은 달러로 내는 편이 편하다. 달러는 여행 중 구하기 거의 불가능하지만, 케냐 나이로비에 유일하게 달러 ATM기기가 있으니 부

족하다면 여기서 뽑도록 하자.

  * 읽을 책 한 권 정도는 필수! 영화나 드라마는 많을수록 좋다.
  이동시간이 길어 그 시간에 할 것들이 있으면 좋다. 여행 중인 한국인을 만난다면 "드라마나 영화 뭐 가지고 있나요?"라고 묻고 서로 교환하자. 좋은 물물교환이 될 것이다.

  * 침낭은 있으면 좋다.
  작고 가벼운 게 최고. 캠핑을 한다면 필수고 그렇지 않더라도 숙소 침대가 찝찝하거나 버스 내에서 추울 때 유용하게 쓸 수 있다.

  * 보조배터리는 용량이 큰 것으로 챙기자.
  며칠간 전기를 쓰지 못할 때는 용량 큰 보조배터리가 그렇게 든든할 수 없다.

  * 비상약은 꼼꼼히 챙기자.
  나는 지사제는 필요 없을 것 같아 챙기지 않았다가 후회했다. 비상약은 말 그대로 '비상시'에 필요하므로 최대한 골고루, 많이 챙기자.

  * 영어 발음은 굴리지 말자.
  아프리카 영어는 우리가 흔히 생각하는 굴리는 영어 발음과 거리가 멀다. 예를 들면 'Computer'를 말할 때 우리나라 사람 대부분이 "컴퓨럴~"이라 한다면, 아프리카 에서는 대부분 "콤퓨타"라고 한다.

Republic of Uganda

우간다

행복한 우간다

우간다에서의 삶

가슴이 기억하는 말들

평생 쓰지 못할 100달러

나는야 코리아 접쟁이 걸!

우간다 캄팔라의 한인 숙박으로 향했다. 사실 탄자니아에서부터 케냐까지 힘든 일을 연속으로 겪어 지극히 힐링이 필요한 시점이었다. 그래서 나는 케냐에 있을 때부터 카카오톡으로 연락을 주고받던 윤아 언니가 머물고 있다는 '샬롬하우스'로 가기로 했다.

샬롬하우스에는 아프리카에서만 20년 이상 살고 계신 아저씨와 집사님(아줌마라고 부르지 말라고 호칭을 정해주셨다), 그리고 아직 어린 아이들 네 명이 시끌벅적하게 살아가고 있다. 사실 샬롬하우스는 나 같은 배낭여행자를 위한 공간이 아니라 선교사나 일하러 잠시 우간다에 온 VIP 손님을 모시는 약간 급이 다른(?) 숙소다. 그래서 숙박료도 1박에 50달러에서 70달러나 한다. 하지만 내가 갔을 때는 이사로 아직 정리가 덜 된 상황이었고, 정식 오픈을 하기 전이어서 언니와 나는 운 좋게 특별가로 묵을 수 있었다. 나는 마당에 텐트를 치는 조건으로 하루 5달러, 윤아 언니는 1인실을 하루 13달러에 쓸 수 있게 됐다.

샬롬하우스를 선택한 것은 내가 우간다에서 가장 잘한 일이었다. 여행이라기보다 잠시 우간다에서 살아본 느낌, 그들의 일상 속으로 들어가 본 느낌이었다. 그래서인지 우간다에서 찍은 사진이 거의 없다. 지금까지는 매 순간을 카메라에 담으려 정신없이 셔터를 누르느라 바빴지만, 우간다에서는 카메라를 내려놓고 오로지 일상을 즐겼기 때문이다. 온전히 이 생활에 스며들어 즐기고, 느끼고, 사랑했다.

"아~, 이렇게 젊은 친구들 오니까 너무 좋다. 깔깔깔깔."
집사님은 우리 같은 젊은 여행객을 만나는 게 처음이라면서 우

리가 머무는 내내 소녀처럼 즐거
워하셨다. 그리고 우리를 손님이
아닌 가족으로 생각해주셨다. 첫
날, 평소처럼 저녁을 어떻게 먹
을지 고민하고 있는데 집사님이
우리를 부르는 소리가 들렸다.

"세화 씨! 윤아 씨랑 빨리 와서
밥 먹어!"

놀라서 언니한테 속삭였다.

"저희도 먹는 거예요?"

언니가 눈짓으로 조용히 대답을 해줬고, 우리는 함께 식탁에
앉았다. 와! 얼마 만의 한식인지. 눈앞에 펼쳐진 진수성찬에 어느
반찬부터 손을 대야 할지 모를 지경이었다. 윤기가 흐르는 찰진
밥, 탕수육, 갈치, 따뜻한 국, 김치…… 정말 집밥의 정석이었다.
텐트를 친다는 핑계로 1박에 5달러로 협상했는데 이렇게나 푸짐
한 밥을 주시다니. 정말 감사해 몸 둘 바를 몰랐다. 집사님은 그 후
에도 내가 머무는 일주일 내내 가족의 식사 시간에 맞춰 우리에게
꼬박꼬박 아침과 저녁을 함께 챙겨주셨다. 아프리카에서 이렇게
한식을 잘 먹을 수 있다니, 그리고 단돈 5달러만 내고 이렇게 염치
없이 얻어먹고 있다니!

사실 케냐에서 시작된 장염기가 가시지 않아 먹는 족족 설사를
했지만, 이 꿀 떨어지는 밥상 앞에서는 '먹고 설사하자'라는 무식

한 생각이 머릿속을 지배할 뿐이었다. 배 아픔과 설사는 그 후에 생각할 문제였다.

마지막 날, 나는 감사한 만큼 숙박비를 더 얹어드렸다. 그러나 집사님은 단호하게 "약속은 약속이에요"라며 돈을 도로 돌려주셨다. 그러면서도 내가 건네준 마지막 편지 한 장에 아이처럼 정말정말 좋아하셨다.

어제와 오늘의 온도가 너무 달라 이 모든 행운을 어떻게 받아들여야 할지 잘 모르겠지만, 너무나 행복했다. 역시 비온 뒤에는 맑은 날씨가 오나 보다.

학교 재롱잔치

우간다에서의 삶

"거기에 한국 사람이 살긴 살아!?"

내가 아프리카에서 사는 한국 사람들 이야기를 하면 친구들이 보이는 반응이다. 그러나 놀랍게도 아프리카에 사는 한국인은 꽤 많다.

'어딜 가도 한국인은 있다'라는 말을 실감할 정도로, 이 코딱지만 한 한반도 땅 출신 사람들이 이렇게나 전 세계 곳곳에 퍼져 있다. 아프리카에 거주하는 한국인들은 한인 게스트하우스를 운영하면서, 또는 한인식당을 운영하면서, 아니면 또 다른 사업을 꾸리면서 살아간다. 마지막 기회의 땅이라 알려져 있는 만큼 최근에는 전 세계적으로 아프리카 사업 진출이 활성화되고 있다. 아프리카에 자리 잡은 외국인 비율이 많아지고 있는 이유다.

친구들은 반신반의하는 표정으로 다시 한 번 묻는다.

"아프리카에서 사는 사람들이 있다고?"

나는 대답한다.

"응. 그것도 아주 행복하게!"

내가 우간다에서 머물던 샬롬하우스는 아이들이 넷이나 있는 가정집이었다. 초등학생 아들 둘과 중·고등학생 딸 둘, 그리고 소녀 같은 마음을 가진 집사님. 집사님은 항상 에너지가 넘치고 행복해보였다. '누군가의 엄마', 혹은 '누군가의 아내'로 살아가는 것이 아니라 온전히 자기 자신의 삶을 즐기며 살고 있기 때문일까.

집사님의 하루 일과는 이렇다. 아침 일찍 아이들을 학교에 데려다주고, 댄스학원에 갔다가 집으로 돌아온다. 점심을 먹고 바이올린 학원에 갔다가 교회 사람들을 만나고, 아이들이 학교를 마치고 오면 함께 저녁을 먹고, 그 후에는 가끔 바이올린 연습을 하며 하루를 마무리한다.

이곳에서는 집에 경호원은 물론 요리사도 있는 신기한 광경을 볼 수 있다. 우간다뿐 아니라 아프리카 대륙의 국가는 대부분 인건비가 저렴해 각 집마다 경호원이 있는 모습을 흔하게 볼 수 있는데, 담당 요리사까지 있다니! 놀라웠다. 아프리카에서의 삶을 떠올리면 왠지 별로일 것 같았는데, 행복하게 살고 있는 가정을 보니 이 또한 내 편견이었음을 깨달았다.

사랑하는 가족과 함께라면 이런 타지 생활도 나쁘지 않겠는
걸?

가슴이 기억하는 말들

우간다에서는 세계여행자 윤아 언니와 모든 일정을 함께 했다. 아니, 일정이라기 보다 모든 일상을 함께했다고 표현하는 쪽이 더 맞겠다.

꼬질꼬질한 모습으로 우간다 교통수단 중 하나인 보다보다(오토바이)를 타고 언니가 있는 샬롬하우스로 향했다. 이 큰 배낭을 메고 오토바이를 탈 수 있을지 걱정됐지만 "No problem!"을 당당하게 외치는 보다보다 운전사의 말에 앞뒤로 배낭을 멘 채 오토바이 뒷좌석에 올라탔다. 배낭이 워낙 무거워 자칫 뒤로 고꾸라질까봐 허벅지에 있는 힘껏 힘을 주며 15분을 버텼다. 마치 벌칙으로 스쿼트를 하는 듯한 고통이었다. 지옥의 시간 15분을 버티고 무사히 샬롬하우스에 도착했다. 가자마자 윤아 언니는 처음 보는 나를 위해 자신이 사온 수박과 볶음밥, 그리고 롤렉스(우간다의 흔한 길거리 음식)까지 내주며 내 점심을 챙겨줬다. 그리고 우리는 폭풍 수다를 떨며 세 시간 만에 마치 오래 알고 지낸 사이처럼 가까워졌다.

우간다에서의 일주일 중 반 이상을 윤아 언니와 같은 침대에서 잤다. 각자 잠자리가 있으면서 굳이 좁은 침대에 서로 반대로 누워서 함께 잠들곤 했다. 가족이랑도 이렇게 붙어 잔 적이 드문데 만난 지 이틀 된 사람과 몸 뒤집으면 닿을 거리에서 자다니! 이런 게 여행이 선사하는 특별한 마법이겠지.

저녁을 먹은 후에는 항상 집에 있는 잼베와 통기타로 우리끼리 미니 음악회를 열곤 했다. 악기를 하나도 다루지 못하는 나지만 언니가 알려준 잼베 기초 비트를 익히고 나니 간단한 합주 정도는 '뚝딱' 할 수 있었다. 한참 우리끼리 합을 맞추다 보면 집사님이 후식으로 파인애플을 가져다 주셨고, 과일 진수성찬을 즐기며 우리의 수다는 밤늦게까지 계속됐다.

일주일 동안 나는 이런 일상인 듯 일상 아닌 일상 같은 시간을 보냈다.

아직까지 기억에 진하게 남는 말이 있다. 가끔은 기억하려 애쓰지 않아도 가슴이 저절로 기억하는 순간이 있는데, 바로 이런 순간들이 그렇다. 윤아 언니는 계속해서 자기 식재료로 내 끼니까지 챙겨주고, 심지어 옥수수나 과일을 잔뜩 사와서 베풀곤 했다.

하루는 아무렇지 않게 내게 또 점심을 챙겨주려고 움직이는 언니에게 미안해서 어쩔 줄 몰라 하고 있었다. 그런데 그런 내 속마음을 읽었는지 언니가 이렇게 말했다.

"세화야, 내가 이렇게 한다고 미안한 마음 절대 갖지 마. 나도 네 나이 때 빚진 게 많거든. 난 지금 너한테 이렇게라도 갚을 수 있어서 정말 감사해."

우간다에서의 마지막 날, 비가 와서 축축한 내 작은 텐트 속에서 둘이 낭만적이라고 키득대며 영화 보다 잠든 걸 생각하면 벌써부터 배시시 웃음이 나오는데, 이 여행이 끝나면 오죽할까.

평생 쓰지 못할 100달러

　우간다에 머무는 마지막 날, 샬롬하우스 아저씨가 나와 윤아 언니를 특별한 자리에 초대해주셨다. 저녁에 지인을 만날 일이 있는데 같이 가서 맛있는 것을 얻어 먹으라며 중국식당에 데려가주신 것이다. 우리가 만난 사람은 건설 업계에서 일하는 분으로, 우간다로 1년간 파견 나온 30대 중반의 마른 남자 분이었다. 초면이었지만 한 시간만 대화해도 어떤 사람인지 느껴지는 사람이었다. 내가 모르는 주제로 대화가 흘러갈 때면 나를

우간다 시내

위해 슬쩍 주제를 돌려주기도 하고, 한참 어린 나에게 초점을 맞춰주는 등 사소한 배려가 몸에 깊이 배어 있었기 때문이다.

"부담 없이 골라요! 오늘은 내가 쏠 테니. 나는 메뉴판 안 봐도 돼요. 먹고 싶은 거로 시켜요."

곧 눈앞에 우리가 고른 중국음식으로 진수성찬이 뚝딱 차려졌다. 두 시간 후에 설사하고 있을 내 모습이 눈앞에 아른거렸지만 어쩌겠나. 다신 오지 않을 이 기회를 풀떼기만 먹으며 날려버릴 수는 없잖아! 그렇게 마지막 날까지 눈물겨운, 그렇지만 행복한 식사를 했다.

식사가 끝나갈 때쯤, 샬롬하우스 아저씨가 잠시 화장실에 가셨다. 그런데 갑자기 그분이 가방을 뒤적이더니 종이 두 장을 꺼내 윤아 언니와 나에게 슬쩍 내밀었다. 100달러짜리 지폐였다.

"제가 부자는 아니지만, 그래도 동생들이 이렇게 여행하는데…… 큰 건 아니지만 그래도 이 정도는 내가 해줄 수 있으니까…… 여행 건강히, 무사히, 행복하게 하고. 먹고 싶은 건 꼭 먹으면서 다니고……."

손사래를 치며 거절했다. 그러나 샬롬아저씨 오시기 전에 제발

 빨리 넣으라며 도리어 재촉하시는 바람에 결국 손에 땀을 쥐며 가방 속에 100달러를 넣었다.

어떻게 이런 일이 있을까. 얼굴 본 지 두 시간, 이름도 모르는 사람에게 너무나 큰 선물을 받아버렸다. 그는 왜 처음 보는 우리에게 이런 은혜를 베풀었을까? 특유의 나긋한 목소리로 마지막까지 여행 잘하라는 말씀에 눈물을 삼키느라 혼났다.

이 100달러는 절대 쓰지 않고 한국에 가져가기로 마음먹었다. 훗날 다시 여행하다 혹시나 나 같은 여행자를 만나면 줄 생각이다. 가지고 있는 것만으로도 마음이 든든해지고 여유 있어지는 기분이었다.

나는 진짜 큰일이다. 여행하며 빚진 게 많아서.

나는야 코리아 겁쟁이 걸!

"물에 빠져도 절대 허우적대면 안 돼! 가만~히 있으면 몸이 수면 위로 떠오를 거야. 패닉에 빠져 발버둥 치다가 더 위험한 상황이 되기도 하니까 꼭 지켜."

레프팅 가이드가 우스꽝스럽게 상황극을 펼치며 안전수칙을 설명했다. 드디어 내가 우간다에 끌린 가장 큰 이유, 세계 3대 레프팅 중 하나라는 우간다 진자 레프팅을 하는 날이다. 윤아 언니와 나, 그리고 샬롬하우스 아저씨가 소개해준 한국에서 파견을 왔다는 차장님과 함께 셋이서 레프팅을 하려고 '진자'지역으로 향했다.

안전수칙을 들으며 나름 알차게 준비된 아침을 먹었다. 이때까지도 내 신경은 온통 장염에 쏠려 있었다.

'제발, 하느님, 보트에서만은 배에 신호가 오지 않게 해주세요.

쌀 수도 없잖아요. 제발.'

안전 수칙을 듣고 나서 수영복으로 갈아입고 선크림을 두둑이 바르고 난 뒤, 팀을 나눈 후 구명조끼와 헬멧을 착용했다.

"Please remember me. I'm really scared(제발 나를 기억해줘. 나 너무 무서워)!"

물을 무서워하는 나는 잔뜩 겁먹은 채로 직원에게 나를 기억해 달라고 애원했다.

"걱정 마! 오케이~ 나 너만 볼게! 너 이름 뭐야?"

그의 대답에 한시름 걱정을 놓았고, 한 보트에 여러 명 따라붙는 안전요원을 보니 불안한 마음이 조금 진정됐다.

레프팅은 함께하는 팀원이 누구냐에 따라 재미의 강도가 달라진다고 들었는데, 다행히 우리 팀은 장난기 넘치는 가이드와 다 같이 놀러온 스웨덴 친구들 덕분에 분위기가 정말 좋았다. 내 앞에 있는 스웨덴 출신의 '닉'은 한국 음식을 굉장히 좋아하는 친구인데, 그가 힘차게 노를 저으며 구령을 우렁차게 외쳤다. 우리는 닉을 따라서 힘차게 후창을 외쳤다.

"김치! (김치!) 비빔밥! (비빔밥!) 떡볶이! (떡볶이!)"

한참을 깔깔깔 웃다가 우리는 음식 이름을 하나 더 알려줬다.

"김치전! (김치전!)"

나일강 한 가운데에서 우리나라 음식 이름으로 고래고래 구령을 넣는 게 얼마나 웃기던지!

레프팅하며 보는 나일강 풍경은 정말 예술 그 자체였다. 포토샵으로 색 보정을 한 것 같은 아름다운 색감의 풍경이 펼쳐졌다. 카메라를 가지고 탈 수 없어서 정말 아쉬울 정도였다. 그런 아름다운 풍경 속, 보트 위에서 먹는 샌드위치와 파인애플은 더 달게 느껴졌다.

점심시간이 끝나고, 다른 보트에서 반나절 코스를 선택한 몇몇 사람이 빠지고 자리가 남자 '하드 코스'를 원하는 사람은 옆 보트에 옮겨 타라고 했다. 하드 코스는 가는 길은 똑같지만 거센 물살 쪽으로 간다. 아직까지 엄청난 스릴을 느끼지 못한 우리는 고민하다 하드 코스로 진행하겠다는 옆 보트로 용감하게 옮겨 탔다. 그 후 만난 첫 급류. 하이라이트는 이때부터였다.

여태껏 좋은 팀워크 덕분에 거센 물살에도 한 번도 보트가 뒤집히지 않았지만, 이번 물살은 차원이 달랐다. 엄청난 힘에 보트가 휙 뒤집혔고, 나는 순식간에 물속으로 꼬르륵 빨려 들어갔다. 너무 놀란 나머지 교육 때 배운 내용을 떠올리지도 못하고 본능적으로 미친 듯이 허우적거리기 시작했다.

    슬슬 수면 위로 몸이 떠오를 때가 됐는데 아무리 휘저어도 떠오르지 않았다. 느낌상 내 머리 바로 위는 보트인 것 같았다. 레프팅 전에 한 예행 연습이 생각났다. 보트 밑에 깔려도 공기가 있는 공간이 있으니 침착하게 몸이 떠오를 때까지 기다린 후 빠져나오면 된다고 했다. 바로 지금과 같은 상황을 대비한 연습이었다. 그 말대로 침착하게 구명조끼를 붙잡은 채 가만히 몸이 떠오르기를 기다렸지만 보트 밑 공기 공간은 나올 생각을 하지 않았다.

    '사람이 이렇게 죽는구나.'

    라고 생각하는 그 순간! 누군가 내 손을 잡고 힘차게 당겼다. 함께 온 차장님이었다. 아, 신이시여. 나중에 들어보니 차장님 본인도 정신이 없었지만 너무 겁먹어 허우적대는 나를 보고 구하러 갈 수밖에 없었다고 한다. 차장님 덕분에 간신히 수면 위로 올라와 숨을 쉬었지만 숨을 쉬는 동시에 또 물살에 덮히고 말았다. 계속 숨을 쉬는 건지 물을 들이키는 건지 분간이 가지 않는 지옥의 순간을 오갔다.

간신히 팔을 뻗어 보트 옆쪽을 붙잡자 초반에 날 기억해달라고 신신당부한 직원이 나를 구하러 와줬다. 다행히 그의 카약에 다리를 올리고 생닭처럼 매달려서 구조됐다. 너무 무서운 나머지 울상을 지으며 엉엉거리니 그가 괜찮다고 달래줬다. 그런데 그는 내가 패닉 상태인 줄 알았는지 갑자기 정신 체크를 하기 시작했다.

"너 괜찮아!? 이름이 뭐야? 어느 나라에서 왔지?"

나는 생닭 자세로 매달린 채 직원에게 스웨덴 친구들이 있는 보트(쉬운 난이도 보트)로 데려가달라고 부탁했다. 그리고 그 보트로 옮겨 타자마자 부들부들 떨리는 다리를 움켜쥐며 말했다.

"I wanna this boat(나 이 보트 원해)!"

내 한마디에 보트가 뒤집히는 순간을 모두 지켜본 스웨덴 친구들이 자지러지게 웃기 시작했다. 내 말은 오늘 레프팅의 명대사가 돼버렸고, 나중엔 스웨덴 친구들이 나를 흉내 내며 장난까지 쳤다.

"어땠어? 정말 무서웠지? 괜찮아?"

"나 죽는 줄 알았어. 지금도 다리가 자동으로 떨려. 이것 봐."

"그래도 너는 나보다 용기 있었어! 나는 도전조차 못했잖아."

사실 그때를 생각하면 아직도 섬찟하지만, 덕분에 더 재밌고 스릴있는 기억을 남길 수 있었다. 나머지 레프팅 시간은 나일강 한가운데에 둥둥 떠다니며 물살에 몸을 맡기고, 카약 직원들과 소소한 대화를 나누며 아름다운 경치를 만끽했다. 윤아 언니는 내가 빠진 그 짧은 순간에 본인도 정신없는데 내가 보이지 않아 정말 놀라 멘붕했다고 나에게 원망 가득한 눈빛을 보냈다. 진심으로 걱정한 모양이다.

윤아 언니가 블로그에 묘사한 진자 레프팅 사건.

진자 래프팅엔 하드와 이지 코스가 있다. 우리들은 호기롭게 하드 코스에 몸을 실었지만, 엎어진 보트에 혼비백산했다. 간신히 숨을 참으며 물에서 빠져나왔는데 어디에도 세화의 모습이 보이지 않았다. 순간 내가 느낀 공포심과 잠깐의 패닉이 생각나 세화가 잘못됐을 것만 같아 가슴이 덜컥거렸다.

차장님이 가리키는 방향을 보니 허무하게도 세화가 이미 도착해 쉬고 있었다.

어릴 적, 부모님께 연락하지 않고 친구 집에 있다가 집에 들어가면 따뜻하게 다녀왔냐고 말하기보다 화를 내시던 부모님의 심

정이 이해가던 순간이었다. 세화야, 나 정말 많이 걱정했다. ㅠㅠ

Federal Democratic Republic of Ethiopia

에티오피아

결국, 에티오피아

고생길 시작! 다나킬 투어

1억만 성급 호텔

응, 결국 터져버린 설사

결국, 에티오피아

많은 여행자들이 에티오피아에 가는 이유 중 하나는 활화산을 직접 볼 수 있는 '다나킬 투어' 때문이다. 다나킬 투어는 그 자체만으로도 내가 에티오피아에 갈 이유가 될 정도로 매력적인 투어다. 하지만 경비도 점점 떨어져 가고, 장염으로 오랜 시간 앓다보니 빨리 이집트 다합으로 가서 쉬고 싶은 마음이 컸다. 3박 4일 일정의 다나킬 투어는 씻기도 어렵고 40도가 넘는 더위를 버텨야 하며 미친 듯이 힘든 트레킹을 견뎌내야 하는, 여행자를 바짝 긴장하게 만드는 고강도 투어다.

사실 며칠 전만 해도 에티오피아는 건너뛸 생각이었다. 아직도 장염 증상은 없어질 생각이 없고 생리 예정일까지 겹치기 때문이었다. 그런데 우간다에서 생각지 못한 힐링을 하고 하니 다시 고

생할 힘이 생겼는지 '에라이, 온 김에 다나킬 투어만이라도 하고 넘어가자!' 하는 생각이 들었고, 결국 나는 에티오피아행 비행기 표를 끊었다.

다나킬 투어는 3박 4일 동안 동고동락할 수 있는 한국인 동행과 함께 하면 더 좋다는 이야기를 들어서 가기 전 동행을 구해 날짜를 맞췄다. 그런데 동행과 어렵게 맞춘 날짜가 생리 예정일과 겹칠 것 같은 불길한 예감이 들었다. 그래서 고민 끝에 결국 동행을 기다리지 않고 홀로 투어를 먼저 진행하기로 결정했다. 40도가 넘는 더위에 화장실도 마음대로 못 가고, 3일 중 하루만 씻을 수 있다는 고생길인데 장염에, 심지어 생리까지 한다면 최악 중 최악일 것 같다는 불안한 마음이 들었기 때문이다. 결국 3박 4일 일정은 포기하고 2박 3일 투어를 예약했다.

'장염아, 제발 사라져줘! 생리야, 제발 3일만 참아줘!'

에티오피아로 떠나는 날

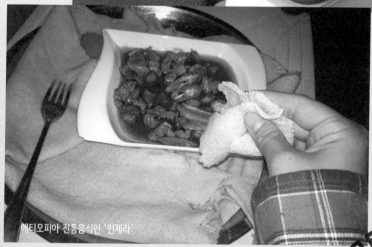

에티오피아 전통음식인 '인제라'

고생길 시작! 다나킬 투어

에티오피아의 수도 아디스아바바에서 버스를 타고 12시간을 넘게 달려 다나킬 투어의 시작점인 메켈레 지역에 도착했다. 비행기를 타면 한 시간 30분 만에 가지만 버스를 타면 12시간이나 걸리는 여정이었다. 차이가 어마어마했지만 나는 돈보다 시간이 많은 여행자이니 왕복 비행기는 사치라고 생각했다.

아침 일찍 여행사 앞에서 나를 기다리던 지프차에 올랐다. 두근두근. 차 안에는 이미 한 커플이 타고 있었다. 이탈리아에서 온 40대 정도 되어 보이는 커플이었다. 이름은 사라와 테오! 첫인상이 꽤 좋고 말 또한 잘 통해서 처음부터 느낌이 좋았다.

"이 차에 이렇게 셋만 타면 정말 좋겠다!"

우리의 바람대로 이 차는 딱 우리 셋만을 위한 차였다. 첫째 날은 하루 종일 차를 타고 이동한 후, 저녁에 화산을 보러 트레킹을 하는 일정이었다. 이 2박 3일 투어의 하이라이트를 첫날 바로 진행하는 셈이다. 오전 아홉 시에 출발해서 쉬지 않고 계속 달리던 차는 중간에 점심을 먹느라 아발라 시티 쪽에서 잠시 멈췄다.

"한국에서 왔다고? 저기 다른 차에 한국인 한 명 있는데! 기다려 봐."

나와 막 인사를 나눈 가이드가 금방 다른 차에서 한국인 한 명을 데려와 소개시켜줬다. 해외봉사단원으로 1년간 에티오피아에서 지내고 있다는 '유진'이라는 언니였다. 잠시 대화를 나누던 중 내가 장염 때문에 걱정이 많다고 하자 유진 언니가 곧바로 자기가 가지고 있는 장염 약을 가져다줬다. 또다시 배가 아플까봐 밥을 눈곱만큼만 먹고 언니가 준 약을 한 방울도 남김없이 짜먹었다. 당장 첫날부터 화산 트레킹이라 배 걱정이 이만저만이 아니었는데, 신기하게도 약을 먹고 나서부터 배가 한 번도 아프지 않았다.

'와. 정말 다행이다. 감사합니다!'

엄청난 비포장도로를 한참 달렸다. 내가 멀미를 전혀 안 하는 체질인 것이 얼마나 감사한지. 들어보니 어제 온 어떤 이탈리아 여자아이는 계속되는 비포장도로 때문에 구토를 심하게 해서 결국 이탈리아로 돌아가 버렸다고 한다. 모래 길을 멋지게 헤쳐 나가다가 울퉁불퉁 돌길에 휘청이고, 서로 차에 문제가 있으면 잠시 멈춰서 운전사끼리 도와주기도 하면서 그렇게 한참을 목적지를 향해 달렸다.

드디어 화산 트레킹의 시작점, 엘타 에일 산 밑 마을에 도착했다. 사실 마을이라 하기도 민망한, 지푸라기로 만든 움막이 몇몇 개 있는 곳이었다. 자유롭게 돌아다니는 낙타, 군복을 입고 총을 멘 군인들, 그리고 함부로 사람 사진을 찍지 말라고 주의를 주는 가이드의 말을 들으니 이곳이 심상치 않게 느껴졌다.

저녁식사 준비에 시간이 꽤 걸렸다. 등산을 앞두고 두둑하게 먹어야 하는데 준비된 저녁이 굉장히 부실해서 실망스러웠다. 아무 맛도 안 나는 파스타와 밍밍한 수박뿐이었다. 허술한 저녁으로 대충 허기를 채우고 짐을 꾸리기 시작했다. 불필요한 모든 짐을 차에 두고 배낭을 최소화해서 가라는 가이드의 말에 남방 하나, 물티슈, DSLR, 보조배터리만 챙겼다. 출발 직전, 가이드가 1.5리터짜리 물병을 두 병씩 모두에게 나누어줬다. 물 두 병까지 넣으니 배낭이 꽤 무거워졌다.

"나 물 두 병이나 필요 없어! 물 많이 안 마셔. 어차피 잠깐 갔다 금방 오는 건데 한 병만 챙기면 안 돼?"

"NO! 물 한 병은 절대 안 돼. 두 병 챙겨야 해."

그의 단호함에 어쩔 수 없이 두 병을 모두 챙겼다. 나중에야 든 생각인데, 내 고집대로 물 한 병만 챙겼다면 나는 화산을 보기도 전에 진작 사망했을 것이다. 생각보다 고된 트레킹 때문에 미친듯한 갈증이 계속됐기 때문이다.

해가 지고 마을에 점점 어둠이 내려앉았다. 저 멀리 빨간 화산이 선명하게 보이기 시작했고, 이 광경이 너무나 신기해서 흥분되는 마음을 감출 수 없었다. 그렇게 일곱 시 10분쯤, 트레킹이 시작됐다.

1억만 성급 호텔

트레킹이라고 해서 경사진 오르막길을 생각했는데 다행히 경사가 별로 없는, 평지가 대부분인 코스였다. 그리고 저 멀리 우리의 목적지인 화산이 빨간 형체로 선명히 보이니 조금만 가면 도착할 것 같았다.

"언니 저거 생각보다 엄청 가까운 것 같은데요? 금방 가겠다!"

"그러니까! 완전 금방 갈 거 같아."

한 시간 후, 우리는 180도 다른 대화를 나누고 있었다.

"진짜 죽을 것 같아."

"왜 가까워지질 않을까요?"

가도 가도 가까워지지 않는 화산. 분명 눈앞에 선명하게 보이는데 아무리 걸어도 제자리걸음 같은 느낌이었다. 특히 우리 팀

사람들은 걸음이 너무나 빨라서 뒤처지지 않고 따라가는 것만으로도 정말 힘겨웠다(친구들 사이에서는 내가 걸음이 가장 빠른 편인데도 말이다). 보통 중간에 세 번에서 네 번 정도 쉰다고 하던데, 우리 팀은 딱 한 번, 아주 잠시 쉬고는 스파르타 식으로 계속 걸었다. 점점 말이 없어지고 숨소리가 거칠어졌다.

'와, 히말라야 트레킹보다 더 힘들다.'

그래도 다행히 이 시기는 나름 바람이 많이 부는 때라 심한 더위로 고통받지는 않았다. 트레킹 중 더워서 지옥을 오간다는 많은 후기를 현실로 겪지 않은 것이다.

트레킹 시작 전에 낙타를 타고 가고 싶은 사람은 비용을 지불하고 낙타를 탈 수 있는데, 우리 팀 중에서는 프랑스에서 온 가족만 낙타를 탔다. 처음에는 '낙타가 좀 불쌍하다'고 생각했지만 올라갈수록 프랑스 가족이 그렇게 부러울 수가 없었다.

그렇게 두 시간 40분의 트레킹 끝에 목적지에 도착했다. 내 고통의 시간이 두 시간 40분밖에 안 됐다니. 체감은 다섯 시간이었

는데 말이다. 화산은 정상에 도착하고도 옆에 난 샛길 계단으로 내려가서 조금 더 걸어야 한다고 했다. 그런데 가이드가 먼저 가서 상황을 보더니 바람이 너무 강하게 불어서 지금은 갈 수 없단다. 결국 우리는 가이드 말에 따라 여기서 먼저 자고, 새벽 두 시에 일어나서 화산을 보고 바로 하산하기로 일정을 변경했다.

가이드들이 돌이 아주 낮게 쌓인 작은 울타리 공간에 매트리스 네다섯 개를 깔아줬다. 산 위 한복판에서 매트리스만 깔고 잔다는 것은 이미 다른 한국인 여행자들에게 여러 번 들어 알고 있었다. 그때까지만 해도 '헐, 어떻게 매트리스만 깔고 산 한복판에서 자지?'라고 생각했다. 그런데 현실의 나는 가이드가 매트리스를 던져주자마자 묻지도 따지도 않고 누구보다 빠르게 냅다 몸을 던졌다. 낙타가 나르느라 흙이 묻고 흙에 뒹굴고 한 매트리스가 얼마나 더러운지도 신경쓰지 않고 말이다.

나눠주는 침낭을 베개 삼아 잘 준비를 순식간에 마쳤다. 그런데 매트리스에 누워 하늘을 본 순간, 바로 여기서부터가 압권이었다.

'와, 어떻게 하늘이 이럴 수 있지?'

나미비아에서 본 별이 인생별이었는데, 오늘은 정말 인생별이라는 표현도 모자란, 일억 개는 되어 보이는 별들이 눈앞에 그래픽처럼 펼쳐져 있었다. 이 낭만적인 하늘과 10초에 한 번씩 떨어지는 별똥별을 보고 있자니 트레킹의 힘듦이 싹 사라지는 느낌이었다.

트레킹 시작 전, 유진 언니에게 이런 말을 했다.

"저는 더우면 전혀 못 자는 체질이라……. 아마 오늘 산 위에서 뜬눈으로 밤 샐 것 같아요."

그러나, 잘 못 잘 것 같다는 예상과 달리 나는 눕자마자 누가 납치해가도 모를 정도로 금방 깊은 잠에 빠졌다.

'휘리릭! 퓨슝! 휙!'

중간중간 거센 바람소리에 놀라 번뜩번뜩 잠에서 깼다. 자꾸 달콤한 잠을 깨우는 바람이 굉장히 거슬렸지만, 깰 때마다 보이는 영롱한 밤하늘은 그 순간마저 낭만적으로 만들어줬다.

"웨이크 업! 웨이크 업! 우리 가야 할 시간이야. 모두 일어나."

가이드의 힘찬 새벽 콜 소리에 세 시간 만에 힘겹게 눈을 뜨고 화산 포인트로 걸어갔다.

"절대 너무 가까이 가지 말고 화산 배경으로 셀카도 절대 찍지 마! 그건 정말 위험한 행동이야. 잘못하면 뒤로 넘어갈 수도 있어."

가이드의 안전수칙 설명을 들은 후 우리는 용암 뷰 포인트에 섰다. 눈앞에 펼쳐진 광경은 직접 보고도 믿기지가 않았다. 심지어 나른 행성에 와 있는 듯한 기분마저 들었다. 정말 대박이다! 요동치며 빠르게 흐르다가 부글부글 들끓고, 이내 펑펑 터지는 용암. 지구과학 교과서에서나 본 장면이었다. 뜨거운 열기에 바람이라도 불면 화산의 매운 공기와 고약한 냄새가 눈과 코로 훅 들어와 기침이 절로 나온다. 한참 사진을 찍고 멍하니 바라보다가, '여기 떨어지면 정말 고통도 못 느끼고 죽으려나'같은 끔찍한 상상을 하다가, 자연의 위대함에 한없이 작아진다. 상상해본 적도 없는 모습이었다. 살다 살다 내가 이런 장면을 다 보는구나. 한 시간 정

도 넉넉하게 화산을 본 후 하산을 시작했다. 별 밑에 조금 더 누워 있고 싶었지만 아쉽게도 내려가야만 했다.

    5성급 호텔은 아니지만, 쏟아지는 별 하늘 아래에서 1억만 성급 노숙을 한 특별한 경험.

    이날의 밤하늘과 별과 바람, 그리고 용암은 정말 잊지 못할 거야.

결국 터져버린 설사

투어 중 우연히 만난 유진 언니가 준 약을 먹어서인지 화산트
레킹 때는 전혀 배가 아프지 않았다. 아마 트레킹 중 신호가 왔다
면 정말 답이 없었을 거라 생각하면서 안도의 한숨을 쉬었다. 그
런데 둘째 날, 우려하던 일이 벌어졌다.

세계에서 가장 낮고 뜨거운 땅이라 불리는 지구에서 가장 더운
지역이자 해수면보다 121미터나 낮아 독특한 지형을 형성하고
있는 달롤 지역에 도착했다. 차에서 내리자마자 찜질방에 온 듯한
열기 때문에 숨이 턱턱 막혔다.

"코랑 입을 막을 천 같은 걸 꼭 챙겨! 냄새가 아주 고약하거든."

가이드의 말을 듣고 남방 하나를 챙겨들었다. 그리고 가이드를
따라 무한히 펼쳐진 돌길을 따라 걸었다. 이곳은 오지이기도하고
에리트레아 국경과 맞닿아 있어 분쟁 위험이 따르기 때문에 항상

군인이 함께 따라온다. 총을 들고 있어 약간 무서웠지만, 같이 사진을 찍자고 하면 금방 빵끗 웃어 보이는, 알고 보면 굉장히 귀여운(?) 사람들이었다.

달롤 지역은 마치 누가 노란색 물감을 풀어놓은 듯 온통 노란색 세상이다. 자연의 색깔이라고는 믿기 힘든 광경. 하지만 코를 찌르는 달걀 썩은 내 때문에 오래 있긴 힘들었다. 사실 내가 정말로 마음이 급해진 이유는 다른 데 있었다.

'꾸르륵, 꾸르륵.'

이때부터 배에 신호가 오기 시작했다. 약발이 다 된 건가? 또 배가 꾸룩대면서 아프기 시작했다. 얼굴이 급격하게 창백하게 변해가는 게 느껴졌다. 빨리 차 있는 곳으로 달려가고 싶었지만 개인 행동을 할 수 없는 상황이었다. 같은 팀 사라와 테오는 왜 이리 느리게 걸어오는 건지! 이때부터 달롤 지역 구경은 이미 내 눈 밖이

었다. 차 근처로 다시 돌아왔지만 어제 오늘 내내 화장실 구경을
해본 적이 없던 터라 이곳에서도 화장실을 기대하긴 어려웠다. 다
나킬 투어 중에는 길을 가다가 조금이라도 큰 바위 또는 긴 풀밭
이 있으면 그곳이 바로 화장실이 되곤 한다. 그런데 불행히도 이
곳은 큰 바위나 풀조차 없는 정말 허허벌판이었다.

'아, 어떡하지. 나 죽을 것 같은데······.'

때마침 우리 가이드가 말했다.

"볼일 보고 싶은 사람은 저~ 쪽에서 해결하고 와!"

아무것도 없는 허허벌판을 가리키면서 말이다.

나는 어쩔수 없이 물티슈를 챙겨서 허허벌판 속으로 걸어갔다.
사라도 오줌이 급했는지 나와 함께 걷기 시작했다. 마음속으로 사
라가 빨리 볼일을 보고 먼저 가줬으면 했다. 다행히 사라는 내 바
람대로 볼일을 보고 먼저 차로 돌아갔고, 나는 사라가 있던 곳보

다 더 멀리 내 자리를 찾아 걸어갔다. 그리고 마침내 아주 미세한 턱이 있는 돌 뒤에 앉아서 빠르게 힘을 줬다.

다행히 한 방이었다. 이 위대한 자연에 이런 더러운 흔적을 남기다니. 왠지 모를 죄책감이 들었지만 어쩌겠나. 돌아가시기 직전인데.

히말라야 트레킹 중에는 멋진 자연에 대고 시원하게 토하질 않나, 말라위 평화로운 마을 밭에 설사를 남기고 오지를 않나, 이 아름다운 달롤 지역 한복판에까지……. 진상 여행객이 따로 없다.

'괜찮아. 이것도 자연현상이잖아?'

차로 돌아오니 기다리던 사라와 테오가 말했다.

"너 어디까지 간 거야? 난 네가 저 건너편 나라 에리트레아로 걸어가는 줄 알았어! 하하하."

40도가 넘는 다나킬 소금사막에서 일하는 노동자

채취한 소금을 나르는 낙타

힘든 트레킹이 끝나면 가이드가 머리에 물을 부어 준다.

Arab Republic Of Egypt

이집트

행복했다함

80 남았어 80!

내가 행복할 때

다합(이집트 시나이 반도 남부에서 가장 인기 있는 휴양지 중 하나. 여행자들의 블랙홀이라고 불린다)은 지금까지 내가 여행한 곳과 참 다르다.

핸드폰 한 번 꺼낼 때도 잔뜩 경계하며 지도만 보고 쏙 넣던 때와 달리 음악을 튼 채로 핸드폰을 한 손에 쥐고 덩실덩실 걸을 수 있는 곳.

시끄럽게 울리는 차 경적소리가 내 음악소리를 방해하지만 그마저도 기분 좋게 들리는 곳.

밤길이 하나도 무섭지 않은 곳.

하루라도 아무것도 안 하면 괜히 귀중한 시간을 날리는 것 같아 초조해하던 이전과는 다르게 일부러 아무것도 안 해보는 곳.

초콜릿 하나를 먹기 위해서 다섯 번도 넘게 고민하다가 결국 참아버리던 이전의 나와는 다르게, 조금이라도 먹고 싶으면 고민 않고 지갑을 열게 되는 곳.

모든 것이 여태까지와 너무나 달라서 낯선데, 행복하다.

80 남았어 80!

다합에서 사람들은 대개 스쿠버다이빙 또는 프리다이빙을 마음껏 즐긴다. 스쿠버 다이빙은 산소통을 메고 바다 속을 천천히 둘러보는 수중 스포츠고, 프리다이빙은 스노쿨링 장비만 쓰고 숨을 참고 짧고 굵게 바다 속을 들어갔다 나오는 것이다. 프리다이빙은 한 번 빠지면 헤어 나오기 힘들 정도로 매력적이라는데, 물과 그리 친하지 않은 나는 프리다이빙은 무서워서 엄두도 낼 수 없었다.

다합에서 스쿠버다이빙 '어드밴스' 자격증 코스를 마치고 처음으로 사람들과 펀다이빙(교육 다이빙이 아닌, 다이빙 유자격자들이 말 그대로 즐기러 가는 다이빙)을 가는 날이었다.

"오늘 갈 곳은 케이브랑 아일랜드에요! 모두 핀이랑 자기 장비

잘 준비하고!"

강사님의 말을 듣고 내가 입던 숨쉬기 힘든 수트와 내 발 사이즈에 맞는 핀을 박스에 챙겨넣고 갈 준비를 마친 후 의자에 앉아 있었다. 가끔 강사님 아내분이 오셔서 수강생들과 수다를 떨곤 하는데, 나에게 그분이 말을 걸어왔다.

"오늘 어디가요?"

"케이브랑 아일랜드 간대요! 첫 펀다이빙이라 정말 긴장돼요."

"네? 케이브? 케이브라면 여기서 제일 고난이도 코스로 손꼽히는 곳인데? 케이브로 간다고요? 되게 무섭다고 들었는데? 왜 첫 다이빙인데 케이브를 보내지?"

순간 내 얼굴에 그늘이 지는 것이 느껴졌다. 강사님께 포인트를 바꾸자고 투정을 부려봤지만 "괜찮아! 할 수 있어!"라는 말이 돌아올 뿐이었다.

보통 다른 포인트는 장비를 착용하고 바닷속으로 직접 걸어 들어간다(필리핀 보홀에서 해본 보트다이빙과 달라서 이것마저 신기했다). 그런데 케이브 포인트는 마치 번지점프 하듯이 물속으로 내 몸을 던지는 방식으로 들어가야 했다. 모든 얼굴 근육이 경직되고 심장이 쿵쾅쿵쾅 뛰었다. 물 자체도 무서워 죽겠는데, 어떻게 첫 다이빙인데 이런 고난이도 코스에 데려오냐고!

차를 타고 케이브 포인트에 도착한 후 가져온 수트를 입고, 허리에 웨이트를 차고 다이빙 준비를 시작했다. 그런데, 어? 뭔가 이상했다. 원래 숨쉬기조차 힘들 정도로 꽉 껴 꾸역꾸역 입어야 하던 수트가 오늘따라 한 방에 쑥쑥 잘 들어가는 것이다.

'뭐지?'

의심은 잠시뿐, 곧바로 나는 내 머리를 두 손으로 쥐어잡고 말았다.

"야, 니 왜 라지 사이즈를 가져왔노?"

남아공에서 동행한 후 이집트에서 다시 만나 함께 지내던 동기오빠가 내 수트 뒤 사이즈 표를 보고 말했다. 아, 망했다. 안 그래도 고난이도 포인트라고 해서 긴장돼 죽겠는데, 수트까지 잘못 가져와 몸에 물이 다 들어오게 생겼다. 그냥 안 들어가고 밖에서 기다릴까 순간 고민했지만, 그래도 나름 든든한 동기 오빠가 나의 버디고, 가이드 또한 동행을 하니 마음을 가라앉혔다. 그리고 잠시 뒤, 장비를 모두 착용하고 심호흡 후 사람들을 따라 절벽으로 뛰어들었다.

"하나, 둘, 셋! 꼬르륵."

예상대로 헐렁거리는 수트 때문에 바닷물이 순식간에 내 몸으로 다 들어와버렸지만 다행히 큰 문제는 없었다.

바닷속은 항상 평화롭다. 내가 스쿠버다이빙을 좋아하는 이유는 딱 하나. 잠시 다른 세계 속에 빨려 들어온 것 같고, 모든 세상의 소리를 차단하고 온전히 내 숨소리에 집중할 수 있기 때문이다. 당장 눈앞에 보이는 것에만 집중하며 바닷속에서 자유롭게 유영하는 그 여유로움은 뭐랄까, 마치 무중력 상태의 우주를 누비는 느낌이랄까?

한참 다이빙에 빠져 있다가 호흡기에 남은 산소를 확인했다.

'오잉? 80?'

보통 호흡기가 100을 가리킬 때 가이드에게 한 번 신호를 주고, 50일 때 신호를 다시 한 번 준다. 그러나 내 기준으로 80이라는 수치는 곧 물 밖으로 나가야 하는 불안한 수치였다. 그래서 가이드에게 힘차게 달려가 신호를 보냈다.

"나 80 남았어, 80!"

그런데 그는 OK 사인을 보내고서도 천하태평이다.

'슬슬 올라가야 하는 거 아닌가? 왜 올라갈 기미를 안 보이지?'

불안한 기분 탓인지 내 호흡기 수치는 아까보다 더 빠르게 떨어지

나를 구해주는(?) 가이드

는 듯했다. 잠시 후, 다시 가이드를 툭툭 쳐 내 호흡기를 재차 보여 줬다. 이후에도 1분 간격으로 가이드에게 내 호흡기 수치 사인을 보냈다.

호흡기에 적힌 숫자가 40이 됐을 때쯤, 불안함에 온갖 울상을 지으며 사인을 보내니 결국 가이드가 자신의 보조 호흡기를 물려 주고 손을 잡고 끌어줬다(사실 그의 호흡기에도 산소가 그리 많지 않았다).

생각해보면 그리 급하게 행동하지 않았도 됐을 텐데, 불안감에 혼자 난리법석을 피웠다. 수면 위로 나오니 약간의 민망함과 함께 안도감이 들었다.

긴장이 확 풀려서 그런지 거울 속 내 얼굴이 더 늙어 보였다. 역시 다이빙 후에는 루프탑에서 생맥주지! 함께 간 언니 오빠들과 생맥주를 시원하게 들이키면서 잠시 생각에 빠졌다.

'가기 전, 강사님 와이프분의 말을 듣지 않았다면 오늘 다이빙이 어떻게 흘러갔을까? 산소를 빨리 쓰지도, 가이드에게 질질 끌려나오지도, 겁을 먹지도 않았겠지?'

생각해보니 나를 두려움에 빠지게 만든 것들의 실체는 단 하나도 없었다. 미리 들은 그 '말'밖에는 말이다.

내가 행복할 때

　나는 아침부터 저녁까지 알찬 계획으로 멋진 관광지를 둘러보는 것보다 아침에 여유롭게 조깅하고, 장보고, 먹고, 자는 그런 일상에서 더 행복함을 느낀다. 여행자들끼리 이야기해봐도 대부분 아무것도 아닌 일상에서 행복함을 느낀다 하더라.

　깊이 생각해보니 내가 여행하는 동안 "아, 행복해!"를 외친 때는 멋진 관광지를 갔을 때가 아니라 저녁에 아늑한 공간에서 맥주 한 잔 할 때, 돌바닥에 누워서 쏟아지는 별을 볼 때, 바닷속에서 스쿠버다이빙을 하며 온전히 내 숨소리에 집중할 때, 맛있는 것을 먹을 때였다.

　한국에서도 예쁘게 꾸미고 약속에 갈 때가 아니라 민낯에 꼬질꼬질하게 잠옷 입고 집 앞에서 친구들하고 맥주 한 잔 기울일 때가 더 행복하더라.

돌이켜보면 대단한 것들이 아니라 소소한 것들, 소소한 여유가 행복을 만든다. 행복을 느끼는 기준은 모두 다르겠지만, 나는 이런 것에서 행복을 느낀다는 사실을 이제야 알았다.

아, 왠지 한국에 가도 전보다 행복할 수 있을 것 같아.

■ 쉬어가기 코너 [아프리카 경비]

95일간 총 경비 = 4,073,124원

남아공: 476,961원(자동차 렌트, 아찔한 다리 걷기 액티비티)
나미비아: 889,149원(사막 샌드보딩, 자동차 렌트)
잠비아: 338,935원(빅토리아 폭포 악마의 수영장)
말라위: 274,401원(당일 트레킹)
탄자니아: 545,026원(잔지바르 보트투어, 스노쿨링 투어)
케냐: 347,768원(나이바샤 보트투어, 헬스게이트)
우간다: 301,837원(나일강 레프팅)
에티오피아: 549,047원(다나킬 투어)
이집트: 350,000원(스쿠버다이빙 어드벤스 자격증 및 펀다이빙, 밤낚시)

사실 여행 경비는 개인의 취향에 따라, 무슨 액티비티를 하느냐에 따라 매우 달라지기에 남의 경비 지출 내역은 별로 참고사항이 되지 않는다. 아프리카는 생각보다 여행할 때 돈이 많이 드는 대륙이다. 물가 자체가 비싸지는 않지만 액티비티나 관광지 입장료 등 이 나라에 가면 꼭 해야 하는 활동에 드는 비용이 많은 편이다.

이 경비 지출 내역은 '아껴 쓰려 노력했지만 하고 싶은 액티비티는 어느 정도 하면서 여행한 케이스'라고 생각하고 참고만 하길 바란다.

모든 것이 여태까지와 너무나 달라서 낯선데,
행복하다

여행, 그 후

여행 후 달라진 것

여행 후 달라진 것 두 번째

내가 행복하게 여행할 수 있었던 이유

내가 행복하게 여행할 수 있었던 이유 두 번째

여행 후 달라진 것

"여행 이후 뭐가 달라졌니?"

개인적으로 이 질문을 별로 좋아하지 않는다. 온전히 후회 없이 즐기고 왔다면 그것만으로도 정말 가치 있지 않은가? 여행을 통해 '얻는 것'이 있어야 한다는 몇몇 사람들의 생각들은 가끔 나를 불편하게 만든다.

아프리카 여행을 마치고 삶이 크게 달라진 점은 없지만, 크고 작은 생각의 변화는 생겼다.

일단, 나이 먹는 것이 두렵지 않아졌다. 내가 만난 아프리카 여행자 중 열에 아홉 명은 나보다 나이가 많았다. 이 멋진 여행자들을 보면서 나이 먹는 것이 두렵지 않아졌다.

내가 누구나 부러워하는 나이, 청춘 한 가운데 서 있음을 실감하게 하는 말을 여행 중엔 특히나 많이 듣곤 했다.

"나도 그 나이 때 더 다닐 걸", "진짜 부럽다".

원래 나는 한 살 한 살 나이 먹는 것을 싫어하거나 두려워하지 않았다. 지금은 지금대로, 30대는 30대 나름의 재미가, 결혼한다면 또 다른 삶이 펼쳐지니 얼마나 재밌는 일인가(누군가는 이 말을 듣고 어린 생각이라며 피식하겠지만, 아무튼 내 생각은 그랬다)? 그런데 언제부턴가 "좋을 때다", "젊어서 부럽다", "이제 한 살 더 먹는 구나" 등 슬퍼하는 투의 말을 들을 때마다 '나이 들면 어린 사람을 부러워하게 되는구나. 나이 드는 건 그리 좋은 게 아닌가 보다' 하며 나의 긍정적인 생각이 약간 휘청거리기 시작했다.

인생이 갈수록 아름다울 수는 없을까? 나이 먹을수록 슬퍼진다면 너무 우울하잖아.

모두가 '아, 젊었을 때로 돌아가고 싶다', '이번 해에도 한 살을 더 먹네'라는 말 대신, "아싸, 레벨업했다!", "아름답게 나이 들고 있어서 행복하다"라고 말할 수는 없을까.

여행 중 수많은 고민을 하면서 흔들리던 내 생각이 이젠 조금 단단해졌다고 말할 수 있을 것 같다. 처음으로 나만의 좌우명이 생겼기 때문이다.

나이를 먹는 것은 자연의 순리하 어쩔 수 없으니, '미래의 나이든 내가 어린 시절의 나를 부러워하지 않도록 살기.'

그거면 됐다.

Photo by Dongki

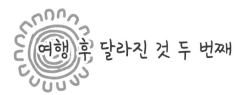

여행 후 달라진 것 두 번째

　크고 작은 마음의 변화 두 번째, 나이가 주는 마음의 장벽이 허물어졌다.

　사실 세 달 전까지만 해도 30대는 나보다 훨씬 어른이고 내가 고개를 한껏 올려다봐야 하는, 그런 상대하기 어려운 존재로만 느껴졌다. 하긴, 지난날을 생각해보니 그럴 만도 하다.

　내 머릿속의 30대는 내가 존경하던 중·고등학교 선생님들, 인턴을 하며 만난 선배 등의 이미지였다. 한마디로 말해 나랑 한참 차이 나는 '어른'이라고 느껴왔다. 그리고 스무 살 때 처음 대학교에 가서 만난 동아리 언니들을 규칙상 '선배님'이라 불러야 했는데, 이 단어가 주는 기운 때문인지 '한 살 차이는 매우 큰 것'이라는 생각이 결정적으로 깊이 박힌 것 같다.

　그래서 그런지 고작 한 살 차이라도 윗사람을 상대하는 일이 어렵게 느껴져 더 깍듯이 대하는 습관이 몸에 배어버렸다. 물론 이런 습관이 좋게 작용할 때도 있지만, 그렇지 못할 때도 많았다. "왜 이렇게 깍듯이 대해! 편하게 해도 돼"라는 말도 몇 번 들었으니 말이다. 깍듯하게 할 줄도 알고 가끔은 친구 대하듯 나사 하나 정도는 풀어버릴 줄도 알면 최고겠지만, 나는 그러지 못했다.

　여행이 끝난 지 세 달 후인 지금, 나이가 주는 마음의 장벽이 조금은 허물어졌다. 나와 함께한 언니 오빠들을 보면서 20대와 30대가 그리 다르지 않음을 알았기 때문이다.

　아무것도 아닌 일에 깔깔 웃고, 때로는 나보다 더 유치한 장난을 치기도 하고, 생각지 못한 기발한 발상을 하고, 더 도전적이고, 체력도 더 좋았다. 인생 경험치에서 나오는 성숙한 생각과 행동을 제외하면 나와 다를 것이 없었다. 우리는 다 함께 친구가 될 수 있었다. 각각 다른 줄에 있는 음표가 화음을 이루듯 다른 선에 있을 뿐이었다. 그래서 우리가 더 어울렸을지도 모르겠다.

이를 느낀 후, 이제는 나보다 나이 많은 사람들 앞에서 나사 하나 풀어버리는 것쯤은 쉬워졌다.

'아, 마음의 나이가 더 중요하구나.'

40대든 50대든, 함께 지내다보면 마음이 젊은 사람들이 주는 특별한 기운이 있다. '나도 이들처럼 나이 든다면 나이 드는 일이 두렵지 않겠다' 싶다. 그들을 보며 실제 연령보다 마음의 연령이 살아가는 데 훨씬 중요하다는 생각이 아주 깊게 들었다.

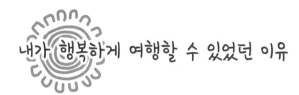

내가 행복하게 여행할 수 있었던 이유

누군가는 말한다. 아프리카 여행은 이동시간이 대부분이고 액티비티 아니면 재미도 없고 힘들기만 하다고. 물론 충분히 이해한다. 이동시간이 긴 것도, 힘든 것도 사실이고 사람마다 여행 성향은 모두 다르니까. 그러나 그럼에도 불구하고 아프리카 여행이 나의 인생 여행이 될 수 있었던 이유를 생각해봤다.

내가 아프리카 여행을 행복하게 할 수 있었던 이유. 먼저 나는 이동하는 시간을 참 좋아한다.

이동시간은 아무것도 하지 않고 가만히 시간을 보내도 마음이 불편하지 않은 유일한 시간이다. 대형버스면 땡큐, 끼여서 타는 미니버스여도 뭐, 괜찮다(단, 앉을 수는 있어야 한다). 창문 밖으로 내가 머무르지 못하고 지나친 마을들을 눈으로라도 구경할 수 있으니 뚜벅이 여행자에게 얼마나 좋은 관광버스인가!

또한 버스에서 우연히 만난 소중한 인연들은 내 여행을 더욱 빛나게 해준다. 탄자니아 버스에서는 탄자니아 국가대표 축구선수를 만나 이어폰을 나눠 끼고 한국 드라마를 보며 가까워지기도 했고, 나미비아로 가는 버스에서 만난 할아버지는 내가 빈트후크를 떠나는 날에 오토바이를 타고 한걸음에 내 숙소까지 와서 마지막 인사를 해줬다. 에티오피아에서는 사랑스러운 남매를 만났다. 버스에서 꽤 오랜 시간을 보내다 보니 부쩍 가까워졌는데, 틈만 나면 내 손을 잡고 끌고 나가서는 뽀뽀 세례를 쏟아 부었다. 나중에는 약간 귀찮아지기도 했지만, 그래도 덕분에 지루할 틈 없는 이동시간을 보냈다.

이런 좋은 사람들을 모두 버스에서 만났다. 버스란 얼마나 좋은 만남의 장소인가?

마지막으로 이동시간에는 특히 생각이 많아지고 글이 잘 써진다. 갑자기 초등학교 시절 옛 추억이 떠오르기도 하고, 별로 친하지 않은 사람들 한 명 한 명이 문득 생각나기도 하고, 때론 엄마아빠가 떠오르며 울컥하기도 한다. 그리고 이내 감사하다. 이 모든 것이.

사실 이렇게 좋은 점이 많아도, 몸이 힘들면 그 버스길은 고역이다. 하지만 다행히 여행하는 동안 22시간 이상 달리는 버스를 여러 번 타도 이동시간이 힘들게 느껴진 적이 없었다. 아마 대중교통에서 잠을 미친 듯이 잘 자는 내 체질이 한몫했을 것이다.

'이번에는 차 안에서 영어 공부도 좀 하고 책도 읽어야지!'라고 다짐해도 결국엔 자느라 아무것도 하지 못하고 목적지에 도착하기 다반사.

나에게 긴 이동시간은 여유로운 휴식시간이자, 관광버스이자, 만남의 장소다. 아, 버스 타고 싶다!

에티오피아 버스에서 만난 뽀뽀쟁이 아이

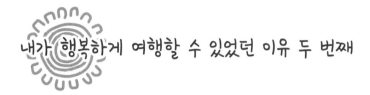

내가 행복하게 여행할 수 있었던 이유 두 번째

내가 행복하게 여행할 수 있었던 두 번째 이유는, 약간 푼 경계다. '숙소 밖은 위험해. 현지인들은 다 위험할 거야'라고 생각하지 않고 약간 경계를 풀었을 때, 그때부터 내 여행이 나만의 색깔로 채워지기 시작했다.

관광거리가 딱히 없는 동네에서는 그냥 내가 보고 싶은 것을 찾아다니곤 했다. 한 번은 잠비아에서 현지 결혼식이 보고 싶어 동행 언니와 길에서 사람을 마주칠 때마다 "이번 주 결혼식 없어? 결혼식 정말 보고 싶어!"라며 무작위로 물어보고 다녔다. 살짝 진상 여행객인가 싶기도 하지만, 지구 반대편 동양인이 자기 나라에 이렇게 관심을 보이니 친절하게 대해주지 않을 리 없다. 물론 결혼식은 아쉽게도 보지 못했지만, 항상 이런 호기심 가득한 발걸음이 또 우연히 새로운 만남을 가져다주기 마련이다.

어디선가 아름다운 노랫소리가 들려왔다. 우리는 약속이라도 한 듯 자연스럽게 노랫소리에 홀려 걷기 시작했다. 걷다 보니 허름한 교회가 나왔다.

"성가대 연습을 하고 있나 보다!"

밖에서 노래를 훔쳐 듣고 있는데 지휘자처럼 보이는 남자아이가 나와서 우리에게 들어오라고 손짓하며 한껏 환영해준다. 케이팝스타에 나오면 극찬을 받을 법한, 흑인 특유의 그루브 넘치는 목소리를 거기에 있는 모두가 내고 있었다. 그 덕분에 하루가 정말 특별해졌지.

물론 경계를 아예 풀어버리라는 뜻은 아니다. 밤늦게 돌아다니지 말기, 낯선 사람이 주는 음식 먹지 말기 등 기본적인 것은 지켜야 한다. 하지만 나 또한 잘 지키지 못한 항목이 있다. '낯선 사람 따라가지 말기'.

나는 사람을 별로 무서워하지 않는다. 아니, 무섭게 느껴지면 아예 처음부터 접촉조차 안 한다. 누군가 나에게 다가오면 내 오감과 촉을 풀가동해서 어떤 사람일지 판단해보고, 따라가기 전에 최악의 상황에 놓일

성가대 연습중인 사람들

경우를 생각하곤 했다. 생각해보니 최악의 상황을 상상하는 내 안 좋은 습관이 이번 여행에선 참 도움이 된 것 같다. 사실 앞에서도 이야기했듯 위태로운 상황도 몇 번 있었지만, 나는 내가 크게 위험해지지 않을 것을 알았기에 그 상황 속에 나를 내버려 뒀다(한 번은 위험해질 것 같아 도망쳐 나와 버렸지만 말이다).

경계만 하기에는 여행지에서 일어날 수 있는 특별한 일이 너무나도 많다. 약간 풀어버린 경계가 내 여행을 밝고, 은은하고, 따뜻하게 제각기의 색으로 채워줬고, 결국에는 알록달록한 하나의 멋진 그림으로 완성됐다.

아프리카에서
내가 만난 사람들

내가 생각할 수 있는 가장 먼 땅이었던 아프리카.

'지구 반대편 사람들은 무슨 생각을 가지고 살아갈까?'

사람들과 깊은 대화를 하며 그들의 생각과 마음을 들여다보고 싶었지만,

형편없는 내 영어 실력으로는 택도 없었다. 대화가 깊어진다 싶으면 꿀 먹은

벙어리가 돼버렸으니까.

그들과 더 가까워지고 싶어서, 그리고 그들의 마음을 듣고 싶어서 고민 끝에

'프로젝트'라는 그럴듯한 핑계를 붙여 새로 만난 사람들에게 세 가지 질문을

묻고 다니기 시작했다.

"무엇이 너를 행복하게 하니?"

"살면서 가장 행복했던 순간은 언제야?"

"네 삶에서 가장 중요한 것은 뭐라고 생각해?"

딱 세 문장만 외우면 됐다. 이 세 가지는 그들에게 궁금한 것인 동시에 내

자신이 대답을 찾고 싶은 질문이기도 했다.

그들은 내가 인터뷰 영상을 찍으려고 카메라를 들면 "와! 나 이렇게 인터뷰

해보는 거 처음이야"라며, 마치 자기가 특별해진 느낌이라며 기뻐했다.
그러면 나는 "나도 이런 거 완전 처음이야!"라고 말한 후, 어설픈 세 문장으로
인터뷰를 시작했다.

버스에서 만난 남아공 할아버지, 길에서 만난 말라위 어부, 서른아홉 살에
공부를 새로 시작하는 잠비아 대학생 친구, 말라위에서 기념품을 만들어
파는 친구 등……
그렇게 세상에서 가장 허접한 내 인터뷰는 그래도 꽤 의미 있었다고 말할 수
있겠다.
나에게 세상엔 하찮은 인생은 없다는 것을 알게 해주었고, 내가 어떻게
살아가면 행복할지에 대한 가이드라인을 그려주었으니까 말이다.
그리 특별한 인터뷰는 아니지만, 어쩌면 누군가에게는 특별하게 느껴질 수도
있는 그들의 대답과 삶을 하나씩 전해보려 한다.

첫 번째 이야기, 말라위 '선샤인'

아무것도 없지만 사람 사는 냄새가 풀풀 나는 말라위 '음주주' 마을. 오랜만에 보는 큰 마트가 반가워 음주주에 머무르는 동안 매일같이 마트에 출석체크를 했다. 그날도 어김없이 음식을 잔뜩 사서 은타카베이 마을에 다녀올 준비를 하고 있었다. 마트에서 나와 환전소를 찾느라 두리번거리고 있는데 어떤 남자애가 말을 걸어왔다.

"안녕, 뭐 찾고 있어? 도와줄까?"

환전소가 어디 있냐고 묻자 그는 친절하게 위치를 설명해줬다. 그렇게 환전을 하고 나오는데, 또 어디서 나를 보고 있었는지 그가 불쑥! 내 앞에 다시 나타났다.

'뭐야, 어디서 나를 보고 있었나?'

그는 자신을 '선샤인'이라 소개한 후 자기가 파는 기념품을 보라며 테이블에 화려한 팔찌들을 늘어놓았다. 꽤 괜찮아 보이는 것이 많았지만 이미 나는 팔찌를 충분히 많이 차고 있었다.

"미안해. 나 이미 팔찌를 많이 사서 더 사고 싶지 않아."

다른 사람이라면 "아니야, 이거 봐! 이게 더 예쁘고 너한테 잘 어울려"라며 한참을 꾀려 했겠지만, 그는 단번에 펼쳐놓은 팔찌를 정리하며 말했다.

"아, 그렇구나! 괜찮아. 미안해하지 않아도 돼."

그는 내가 가야 하는 버스 정류장까지 친절히 데려다주고, 버스 운전자한테 나를 잘 부탁한다고 몇 차례나 신신당부해준 후 떠났다.

그렇게 은타카베이에 3일쯤 머물고 다시 음주주로 돌아온 날, 3일 후 다시 올 거라는 내 말을 듣고 나를 기다렸는지 또 마트에서 먹을거리를 사서 나오자마자 그가 내 앞에 불쑥 나타났다. 약간 소름 돋을뻔했지만, 이내 반가운 마음이 더 커졌다.

그는 해가 저물 때쯤 "어두워지기 시작했으니까 내가 숙소 앞까지 같이 가줄게. 가자!"라며 나와 함께 걸었다. 걷는 동안 우리는 "초등학교는 언제부터 다녀? 총 몇 년을 공부해?" 등 서로에게 끊임없이 질문 세례를 했다. 그리고 내일 내가 떠난다는 소식에 그는 진심으로 아쉬워했고, 내일 가기 전에 꼭 보자며 인사를 나눴다.

너무나 순수한 그의 모습이 아직도 생생하다. 다음 날, 앞뒤로 20키로가 넘는 무거운 배낭을 메고 떠날 채비를 한 채 그를 찾아갔다. 그리고 어설픈 인터뷰 프로젝트를 마지막으로 그와 작별했다.

"선샤인, 무엇이 너를 행복하게 만들어? 세 가지만!"
"가족, 친구, 내 사업인 기념품 파는 일."

"살면서 가장 행복했던 순간이 언제야?"
"여덟 살 때, 아빠가 처음으로 나에게 신발을 사 주셨어. 그때 정말 행복했어."

"선샤인, 너는 네 삶에서 뭐가 가장 중요해?"
"가족과 친구들, 그리고 나를 둘러싸고 있는 사람들."

"앞으로의 꿈은?"
"내 사업을 좀 더 키워서 가게를 시작하고 싶어."

'살면서 가장 행복했던 순간'의 대답을 듣자마자 나도 모르게 엄마 미소가 새어 나왔다. 그 대답을 들으니 그가 어떤 사람인지 단번에 느껴졌다.

　　누군가 나에게 '살면서 가장 행복했던 순간'을 묻는다면 엄청 고민하다 결국 무언가를 이루어내서 뿌듯했던 순간 중 하나를 말했을 것이다. 그런데 선샤인의 대답을 듣고 '아차' 싶었다. 그래, 나는 행복을 너무 어렵게 생각하고 있었다. 마치 행복이 결과인 것처럼 말이다.

　　물론 행복의 기준은 사람마다 모두 다르겠지만, 나는 누군가 나에게 같은 질문을 했을 때 무언가를 이루었을 때가 가장 행복했다고 대답하는 사람이 되고 싶진 않다. 행복한 일이 워낙 많아 한 가지를 고르지 못해 한참을 머뭇거리다 결국엔 '아무것도 아닌 일상 중 한 가지'를 말하는 사람이 되고 싶다.

　　성취에서 오는 행복을 들추어내니 그간 가려져 있던 일상의 행복이 정말 많아 아직 딱 하나를 정하진 못했지만, 선샤인처럼 감사함에 행복을 느끼고, 행복함에 감사할 수 있는 사람이 될 수 있기를 바란다.

　　선샤인, 고마워!

함께 걸은 길

두 번째 이야기, 행복을 결정짓는 작은 차이
잠비아 '데이비드'

잠비아의 수도 루사카에 도착했다. 나미비아에서 같이 다닌 하영 언니가 잠비아 카우치서핑 호스트를 소개시켜줘서 루사카에 머무는 동안에는 카우치서핑을 이용하기로 했다. 호스트를 만나기 전, 여러 가지 걱정이 머릿속에 맴돌았다.

'내 짧은 영어로 의사소통이 잘 될까?', '내 방이 따로 있는 걸까?', '호스트에게 어떻게 고마움을 표시하지?', '호스트는 나와 하루 중 어느 정도를 함께 하는 걸 원할까?' 등.

그런데 정말 신기하게도 호스트인 데이비드를 보자마자 30분도 지나지 않아 모

든 걱정과 부담이 사라졌다. 언제나 얼굴에 웃음기가 스며 있는 데이비드는 표정만으로도 나를 편안하게 해주는 사람이었다. 무수히 많은 카우치서핑 경험 덕분인지 그는 썩 좋지 않은 내 영어 발음과 문법도 찰떡같이 알아듣고 항상 내 눈높이에 맞춰 내가 이해하기 쉽게 말해줬다.

데이비드와 함께한 3일 동안 매일 아침 나는 데이비드가 학교에 갈 때 같이 따라 나가서 그의 학교 수업이 끝나기를 기다렸다 같이 집에 들어오곤 했다. 데이비드가 학교에 간 사이 마트에 가서 그날 저녁에 할 요리 재료를 사고, 집으로 돌아와서 데이비드에게 줄 요리를 시작했다. 첫날은 비빔밥을, 둘째 날은 라볶이를 해주었다. 이럴 때 써먹으려고 나미비아에서 치훈 오빠한테 라볶이 만드는 법을 제대로 배워왔건만, 역시 요리 젬병인 나는 결국 퉁퉁 불어터지다 못해 떡이 되어가는 라볶이를 내어주고 말았다.

데이비드는 내가 먹어도 맛없는 그 요리를 "Best!"를 외쳐가며 끝까지 맛있게 먹어줬다. 나중에 부엌에서 식빵에 잼을 발라먹는 데이비드를 목격해 마음이 아팠지만 말이다.

데이비드가 주는 기운은 정말 특별했다. 웃음을 머금고 있는 인상 좋은 얼굴 때문인지 옆에 있으면 이상하게 마음이 편안해졌다. 마지막 날 밤, 불어터진 라볶이를 먹고 한글 수업까지 마친 후 그에게 물었다.

"데이비드! 사실 내가 이 번에 여행하면서 나에게 깊은 인상을 남긴 사람을 인터뷰하는 프로젝트를 하고 있어. 더 알고 싶고 더 기억하고 싶어서 말야. 괜찮으면 너를 인터뷰해도 될까? 간단한 질문들이야!"

데이비드는 굉장히 흥미로운 듯한 표정을 지으며 흔쾌히 알겠다고 대답했다.

"데이비드, 무엇이 너를 행복하게 만들어? 세 가지만!"

"음, 인생을 살아가는 것, 새로운 사람을 만나는 것, 여행하는 것."

"살면서 가장 행복했던 순간이 언제야?"

"열일곱 살 때 처음으로 남아공 조벅으로 혼자 여행을 간 적이 있어. 그때가 가장 행복했어. 진정한 자유를 느꼈고, 내 자신만을 위한 첫 여행이었거든."

"네 삶에서 가장 중요한 것은 뭐야?"

"행복해하는 사람들을 보는 것(To see people happy). 모든 사람이 행복했으면 좋겠어. 사람들이 행복하면 나도 행복하거든."

생각지 못한 그의 대답을 듣고, 그의 꿈이 궁금해졌다.

"꿈이 뭐야?"

"우리나라를 바꾸고 싶어. 잠비아가 지금보다 더 나아질 수 있게. 아이들과 가난한 사람을 도와서 잠비아의 모든 사람이 행복하다면, 나도 행복할거야."

자기가 하고 싶은 공부를 하려고 서른아홉 살에 대학교를 다시 다니고 있는 데이비드. 그는 스물다섯 살이라고 해도 믿을 엄청난 동안 외모를 가지고 있었다. 내가 만난 흑인 대부분은 외모보다 실제 나이가 매우 어려서 놀라기 일쑤였는데, 데이비드는 내 생각보다 훨씬 나이가 많아서 나를 놀라게 한 유일한 사람이었다. 데이비드의 웃음이 스며든 얼굴과 파워 동안 비결이 참 궁금했는데, 이제는 알 것 같았다.

그의 행복의 무게중심은 타인에게 기울어 있었다. 다른 사람의 행복을 자신의 행복이라고 하니, 살면서 얼마나 행복할 일이 많을까?

나는 지금껏 나의 행복을 최우선으로 생각하며 살아왔다. 때로는 다른 사람의 행복에 질투를 느끼기도, 다른 사람의 행복과 내 행복을 비교하며 한없이 작아지기도 했다. 행복을 결정짓는 작은 차이가 바로 이런 것이겠지. 내 행복을 최우선으로 생각하는 얕은 마음을 비우는 연습을 해야겠다.

온 세상 사람이 모두 타인의 행복한 모습을 보는 것이 자신의 행복이라 생각한다면, 그보다 더 아름다운 세상이 있을까?

그를 보고 깨달았다. 행복은 강도가 아니라 빈도라는 것을.

잠비아 현지집에서 살아보기! & 한국요리 해주기

세 번째 이야기, 진실로 행복한 사람들
말라위 '윌슨'

여유로움과 심심함. 그 한끝 차이를 오가는, 말라위 호수를 둘러싼 아름다운 마을 '은타카베이'.

나는 이곳에서 처음으로 외로움을 느끼고 있었다. 여유가 심심하다는 생각으로 바뀌어 갈 즈음, 슈퍼마켓에 갈 겸, 마을도 구경할 겸 30분 떨어진 시내를 향해 걷기로 했다. 그곳에 그나마 큰 슈퍼마켓이 있다고 해서 갔는데, 전기도 안 들어오는 너무나 허름한 슈퍼를 보고 당황하지 않을 수 없었다. 대충 과자 한 봉지만 사들고 터벅터벅 돌아가고 있는 중이었다.

"Hi, Hi!"

식당 안에서 한 무리처럼 보이는 애들이 너나 할 것 없이 우렁차게 인사를 한다. 이제는 자동적으로 나오는 영혼 없는 인사를

대충 건네며 갈 길을 가려는데, 그중 한 명이 식당에서 나와서 나에게 악수를 청했다. 긴 레게머리에 젊어 보이는 말라위 청년. 그의 눈빛을 보니 나에 대한 '신기함'과 '호기심'으로 가득 차 있었다. 어디서 왔니, 이름이 뭐니, 어느 숙소에 머무니 등 나에게 질문세례를 퍼붓는 그에게 이왕 이렇게 된 거 데이터 충전 방법이나 물어보자 싶어 물었다.

"나 데이터 충전하고 싶은데, 어떻게 해야 해?"

내 질문에 그는 친절하게 슈퍼에서 데이터를 사는 것부터 등록하는 일까지 모두 도와줬다. 그리고 가는 길을 조금 데려다주겠다며 함께 걷기 시작했다. 잠깐 대화했을 뿐이지만 그의 선한 눈동자는 내 굳은 마음을 단번에 녹이기 충분했다. 그는 밤마다 호수에서 물고기를 잡아 시장에 파는 어부이자 내가 만난 음주주 게스트하우스 한인 사장님과도 친분이 있는 사이였다.

"낚시? 언제 해? 나도 낚시 같이하면 안 돼?"

"물론이지. 원하면 와도 돼!"

그에게 왓츠앱 번호를 적어주고 헤어졌다.

다음날, 그에게서 연락이 왔지만 나는 차마 낚시를 같이 하러 갈 수 없었다. 오전에 숙소에서 무료로 진행되는 보트투어에 갔다가 아이들이 타고 있는 신기하게 생긴 배를 봤기 때문이다. 아이

들은 아슬아슬, 중심을 조금
만 잘못 잡아도 옆으로 고꾸
라질 것 같은 아주 가늘고 긴
배에서 낚시를 하고 있었다.

'와, 저기서 어떻게 낚시를
해? 대박이다'라는 생각이 든 순간, '헐, 설마 윌슨이 타는 낚싯배
도 저런 건가?' 싶었다. 가이드에게 물어보니 여기 사람들은 모두
저런 배를 타고 물고기를 잡는다고.

그래서 아쉽지만 낚시 가자는 약속을 취소할 수밖에 없었다.
나 혼자 앉아도 가라앉을 것처럼 생겼는데 어떻게 둘이 타나! 그
리고 겨우 깨달았다. 낚시 같이 가도 되냐는 내 물음에 윌슨이 순
간 당황한 표정을 지은 이유를.

결국 나는 낚시 약속을 취소하고 대신 저녁을 함께 먹기로 했
다. 하지만 서로 시간이 엇갈려 밥 먹을 시간이 훨씬 지난 후에야
만날 수 있었다. 나는 윌슨에게 시내를 구경하고 싶다고 말했다.
어제부터 숙소 여행자의 호기심을 자극하던, 시내에서 들리는 큰
음악소리가 궁금했기 때문이다. 은타카베이는 굉장히 안전한 동
네지만 가로등 하나 없이 깜깜한 길을 혼자 걷긴 무서웠다.

윌슨은 흔쾌히 OK했고, 우리는 시내로 걸어갔다. 내 부탁이란
부탁은 다 들어주는 그에게 고마운 마음에 맥주를 한턱내고, 바에
서 세상에 처음 나온 사람처럼 사람들을 구경했다.

그러다 윌슨의 친한 여자 친구라는 아이가 나에게 한껏 기분이

좋아진 상태로 말을 걸었는데, 어쩌다보니 우리는 대화한 지 20초 만에 손을 잡고 팔을 배배 꼬며 함께 춤을 추고 있었다. 지금까지 가본 바와 달리 트렌디한 음악이 나와 무진장 신난 나는 사람들의 시선을 즐기며 그 여자애와 팔짝팔짝 뛰고 땀을 흘리며 춤을 췄다.

"윌슨, 우리 이제 갈까?"

한껏 신나게 논 후, 더 늦기 전에 돌아가야 할 것 같았다. 우리는 핸드폰 플래시로 길을 밝히며 어두컴컴한 길을 함께 걸었다. 사실 그와의 의사소통은 쉽지 않았다. 나도 영어를 그리 잘하지 못하는데, 그는 나보다 영어를 더 못했다. 그래서 서로에게 말을 이해시키느라 손짓 발짓을 다 동원해 대화했다. 그런데 참 이상했다. 그렇게 말이 잘 통하지 않는데도 그와 대화하는 시간이 진심으로 재미있고, 편안하고, 좋았다.

이 사람, 참 궁금했다.

"윌슨, 너를 행복하게 하는 것은 뭐야?"
"음, 호수에서 낚시할 때, 그리고 체육관에서 운동할 때."

"삶에서 가장 중요한 건 뭐라고 생각해?"
"내 심장. 나를 숨 쉬게 하고 나를 살아 있게 만드는

심장. 심장 없이는 아무것도 할 수 없잖아."

나중에 왓츠앱 채팅으로 이날 하지 못한 질문을 마저 했다.

"가장 행복했던 순간이 언제야?"

"너랑 은카타베이를 같이 걸었을 때. 우리 그때 정말 좋은 대화 하면서 좋은 시간 보냈어. 아직도 생각나."

지극히 평범한 대답이다. 처음 대답을 들은 후에는 '에잇, 시시해!'라고 생각했다. 그런데 더 생각해보니, 그의 대답은 시시하지만 다른 이들과 확연히 달랐다.

모든 질문에 대한 그의 답은 친구, 가족, 돈 같은 '**무엇**'이라는 단어로 정의되는 것이 아닌, 자기가 살고 있는 지극히 평범한 일상이었다. 가장 행복한 순간이 가장 최근의 평범한 일상이었고, 삶에서 가장 중요한 것 또한 지극히 현실적이었다.

첫 만남 때 "은타카베이에서 평생 살거야. 가난하지만 정말 아름다운 마을이야"라고 말하던 그가 떠올랐다. 그는 처음부터 마지막까지 욕심 없고 편안하며 존재 자체로 행복한 사람처럼 보였다.

자신의 일과 삶을 진심으로 즐기고 사랑하는 사람에게서 느낄 수 있는 특유의 포근함이 있다. 이번 여행을 하면서 몇몇 사람에게 이런 느낌을 받았다.

꾸밈없고, 욕심도 없고, 그냥 지금 이 순간이 행복해 보이는 사람. 함께 있으면 나도 평온한 느낌을 받는 사람. 그래서 계속 같이 있고 싶은 사람. 이집트에서 3년 동안 세계를 돌아다니고 있다는 20대 한국인 커플을 만났을 때도 이런 느낌을 받았다.

예전에는 이런 평온한 사람들을 보면 '열정이나 욕심'이 느껴지지 않아서 삶에 대한 열렬한 에너지가 없다고 느꼈다. 그런데 이제는 알 것 같다.

윌슨 같은 사람들은 지극히 현재를 살아가고 지금이 행복하기 때문에 이보다 더 좋은 삶을 굳이 꿈꾸지 않는, 진실로 행복이 가득 찬 사람이라는 것을 말이다.

마지막 이야기, 나

그렇다면 나는?

사실 내 대답을 찾고 싶어서 시작한 인터뷰이기도 했다. 모든 질문이 답하기 어려웠다. 나는 아직도 나를 한참 모르나 보다. 그래도 여행을 끝내고 나니 아주 조금은 대답할 수 있을 것 같다.

"무엇이 나를 행복하게 만드는가?"

"함께, 도전, 여유."

혼자는 편하지만 함께는 즐겁다. 돌이켜보니 이 여행에서 내가 가장 행복하다고 느낀 순간은 대부분 '누군가

와 함께할 때'였다.

또한 도전은 나를 살아 있게 만든다. 여행을 하면서 내가 무언가에 도전하는 일을 즐기는 사람임을 알았다. 알 수 없는 일을 향해 몸을 던지는 그 긴장감이 나를 가슴 뛰게 만든다. 상상만 하던 것을 현실로 이루어내는 일, 그리고 더 큰 도전을 마음속에 품고 살아가는 것에서 행복을 느낀다.

나는 내가 항상 바쁘게, 쉼 없이 사는 삶을 즐기는 사람인 줄 알았다. 그러나 여행의 막바지에 와서야 그 누구보다 여유로움에서 행복을 느끼는 사람임을 깨달았다.

"살면서 가장 행복했던 순간은 언제인가?"

애써 기억하려고 노력하지 않아도 기억나는 순간들이 있다. 그런 순간이 진실로 행복한 순간인 것 같다. 두려움 가득한 나 홀로 첫 해외여행지인 영국에서 밀레니엄 브릿지 위를 걷던 그 순간, 에티오피아 활화산 앞에서 쏟아질 것 같은 별을 보며 노숙하던 그 순간, 나미비아에서 언니 오빠들과 좁아터진 텐트에서 시시콜콜 떠들며 저녁을 해 먹던 그 순간.

사람은 나이를 먹을수록 추억을 먹고 산다는 우리 아빠의 말이 맞다면, 나는 앞으로 굶어 죽을 일은 없겠다!

"삶에서 가장 중요한 것은 무엇인가"

가끔 이런 생각을 한다.

'아, 삶의 지침서가 있었으면 좋겠다', '정답을 알려주는 신이 있이 있으면 얼마나 좋을까?'

이 길을 선택해야 할까, 저 길을 선택해야 할까. 하나도 모르겠다.

그래서 언제부턴가 나중에 덜 후회하는 인생을 살고 싶어 나보다 인생을 더 살아본 사람들의 말을 들어보기로 했다. 주변의 어른, 그리고 여행하며 만난 사람들에게 묻고 다녔다.

"20대 초반으로 돌아간다면 뭐 하실 거예요?"

뜻밖에도, 열 명 중 여덟 명은 "여행을 더 다니고 놀 거야"라고

대답했다.

"지금 많이 놀아야 돼. 실컷 놀아."

"여행? 지금처럼 학생 신분일 때 많이 다녀. 나중에는 돈 있어도 시간 없어서 못 떠나거든."

이런 이야기를 들으면서 어른들이 말해준대로 20대 초반을 보냈다. 후회 없이 놀고, 도전하고, 여행하면서. 그

런데 이렇게 살다보니 나름 나만의 지침서가 생기기 시작했다.

가끔 이런 생각을 한다.

내가 지금 타임머신을 타고 딱 50년만 듣도 보도 못한 다른 행성으로 여행을 간다면, 그리고 50년 후 조용히 다시 지구인 '최세화'로 돌아올 예정이라면 나는 다른 행성에서 어떻게 50년을 살고 올 것인가? 그곳에서 부와 명예를 얻으려 열심히 노동하고 삶의 무게를 피부로 느끼며 하루하루를 '견디며' 살 것인가?

아니다. 내가 만약 50년간 다른 행성으로 떠난다면 나는 한치의 고민 없이 그 행성 곳곳을 여행할 것이다. 그곳에서 후회 없이 사랑하고, 다양한 사람들을 만나 50년 후에 지구로 돌아왔을 때 평생 삶의 원동력이 될 행복한 기억을 추억할 수 있도록 많은 경험을 하면서 말이다.

우리의 삶도 마찬가지 아닐까. 잠시 신이 80년간 지구로 여행을 보내준 것이다. 어차피 80년 후에는 어디론가 떠나야 한다. 천국일지 지옥일지, 사후 세계일지 모르는 곳으로 말이다. 부와 명예? 그 누구도 가져갈 수 없다. 이렇게 짧은 인생, 고통 받으며 아등바등 살아가기엔 80년이 너무나 아깝다는 생각이 들었다. 그리고 어떤 일을 할지 말지를 결정할 때 나만의 기준이 생겼다.

'내 짧은 인생 여행 시간을 할애할 만큼 가치가 있는 일인가?'

이 기준을 잣대로 세우니 도전이 두렵지 않아졌고, 나를 둘러싼 모든 경험이 흥미롭게 느껴지기 시작했다.

지구에 잠시 80년 여행 온 것처럼, 80년 시한부 인생을 선고받은 것처럼, 80년 후에는 '기억'만을 가져갈 수 있다고 생각하며 살기로 했다.

에필로그

버스기사님, "Here!"이라고 외쳐주세요!

혼자 하는 여행은 그렇다. 그날그날 발길 가는 대로 걸을 수 있고, 길에서 새로운 인연을 만나기도 하고, 그러다보면 아무것도 아닌 날이 특별해지곤 한다.

길을 잃어도, 여기가 어딘지 몰라도, 낯선 사람이 말을 걸어도 위풍당당 기죽지 않는 나지만 가끔 불안함을 느끼며 한껏 심장을 조여 맬 때가 있다. 바로 깜깜해진 후 어딘가에 도착했을 때, 그리고 버스를 탈 때가 그렇다.

버스 이동 중에 한 눈을 팔다가는 목적지를 놓치는 경우가 다반사고, 목적지를 알아도 타이밍을 맞추기가 어렵기 때문에 항상 버스를 타면 현지인에게 "저 여기로 가야 하는데 어디서 내려야 해요?" 하고 괜히 한 번 더 묻곤 한다. '내릴 때가 되면 알려주겠지?' 같은 마음으로 말이다.

오늘 아침, 서울역으로 가는 광역버스를 탔다. 운 좋게 한 자리가 남아 있었는데 동남아에서 온 듯한 남자의 옆자리였다. 왜인지 그의 옆에는 아무도 앉지 않았다. 그가 신발을 벗고 발을 올려놓고 있는 것을 보고 사실 약간 인상이 찌푸려지긴 했다. 잠시 후, 그가 내리려고 하는 것 같아 비켜줬는데, 그가 주머니에서 종이를 주섬주섬 꺼내 나에게 보여주며 이곳에 어떻게 가느냐고 물었다.

종이에는 '대한적십자병원'에 가는 길이 프린트 돼 있었다. 검색해보니 내가 내리고도 세 정거장 후인 '서대문경찰서' 정거장에서 내려야 했다.

"30분 더 가야 해! 내가 알려줄 테니까 마음 편히 있어."

"탱큐, 탱큐."

나는 읽던 책을 다시 폈다. 그런데 계속 불안해하며 밖을 쳐다보는 그가 마음에 걸려 책이 읽히지 않았다. 에라이, 책도 안 읽히는데 이야기나 해봐야지! 이야기를 나눠보니 그는 방글라데시에서 왔고 의정부 쪽 공장에서 일하고 있으며, 할 수 있는 한국말이라곤 '쪼끔쪼끔! 의정부! 많이 많이!' 정도고, 지금은 발을 심하게 다쳐서 병원에 가는 길이라고 한다.

왜 신발을 벗고 있는지 비로소 알 수 있었다. 처음에 오해한 게 정말 미안해졌다. 그는 주머니 안쪽을 뒤적이더니 여권 한 개가 뒤에 추가로 붙어 있을 정도로 출입국 도장이 많은 여권을 보여주며 자랑을 늘어놓았다. "나 타일랜드도 갔고 인디아도 갔고……."

"너 여행 다니는 거야?"

"응!"

돈을 모아서 여행을 다니는 친구였다. 여행하는 동안 방글라데시 사람은 한 번도 본 적이 없어 신기했다. 이번에는 한국에서 일해서 그 돈으로 프랑스에 갈 예정이라고 한다.

홀로 여행을 다니다 보면 여행지에서 만난 사람들, 그리고 그 사람들과의 추억에 따라 그 나라 여행이 좋았는지 나빴는지가 결정되곤 한다. 고풍스러운 역사 지구보다 나미비아 버스에서 만난 할아버지와의 추억이 더 기억에 남는 이유가 바로 이 때문일 것이다.

또한 여행 중 만난 현지 사람들 덕분에 그 나라의 이미지가 머릿속 깊이 박히기도 한다. 웃으면서 스윗하게 대해준 운전기사 때문에 에티오피아가 좋아졌고, 자기들 숙소에서 씻고 가라는 커플 덕분에 가보지도 않은 이탈리아가 좋아진 것처럼 말이다.

아쉽게도 나는 그보다 먼저 내려야 했다.

"방송에서 서! 대! 문!이라고 하면 내려야 해. 서! 대! 문!"

"Okay. 탱큐, 탱큐."

그래도 불안했던 나는 내리기 전에 버스기사님 쪽으로 걸어갔다.

"기사님! 여기 외국인이 한 명 탔는데요. 서대문경 찰서에서 내려야 하거든요! 기사님 바로 뒤에 앉혀 놓을 테니까 서대문경찰서에 도착하면 '히얼!'이라고 외쳐주실 수 있나요?"

내가 만난 몇몇 불친절한 버스기사님과 달리 운이 좋게도 오늘 만난 버스기사님은 친절한 아주머니였다. 기사님이 인상 좋은 미소로 알겠다고 대답해주셔서 안심했지만, 그래도 마지막까지 "서대문경찰서요!"라고 외치고 버스에서 내렸다.

외국에서 버스 탔을 때의 불안함을 알 것 같아서, 그리고 내 행동 덕분에 오늘이 그에게 특별한 하루가 될 수도 있을 것 같아서, 훗날 그에게 한국에서의 기억이 좋게 남길 바라면서 마지막까지 따뜻한(그리고 약간 과장된) 웃음으로 인사를 나누고 헤어졌다.

외국인이 도움을 청할 때 모두 꼭, 꼭 최대한 친절하게 도와주면 좋겠다. 그들에게는 모든 게 어려울 테니 말이다.

앞으로도 내가 여행 중 진 빚, 고마운 마음을 다른 사람에게 하나하나 갚아가면서 살아야겠다고 다짐했다.

'아프리카 여행'이라는 버킷리스트 항목 뒷장에는 '내 이름으로 된 책 내기'가 소심하게 적혀있다. 국어 5등급에 글쓰기를 가장 어려워하는 나라, 이 버킷리스트 항목은 어쩌면 끝끝내 실현하기 어려울지도 모른다고 생각했던 항목이었다.

하지만 여행을 하며 '안 될 것 같아'라는 소심한 생각이 '안 될 게 뭐 있어?'라는 자신감과 용기로 바뀌었다. 그리고 한국에 돌아와 그 용기와 배짱만 가지고 '출판'이라는 꿈을 좇아 맨 땅에 헤딩을 해보기로 했다.

불안불안했던 3개월간의 원고 쓰기, 투고, 그리고 오랜 기다림……. 끝내 내가 원한 출판사와 손을 잡을 수 있었다.

'평생 이룰 수 있을까?' 의심하며 적은 버킷리스트. 1그램의 용기를 가지고 도전해보니 현실이 됐다. 1년 전만 해도 헛된 꿈이라고 생각한 것들이 지금 내 눈앞에서 현실이 되고 있다니. 아직도 떨떠름하다.

이제 평생 자신 있게 외치고 다닐 수 있을 것 같다.

"안 되는 건 없어요. 간절히 바라니 됐습니다. 그것도 두 가지나요. 아프리카 여행, 그리고 책 출판하기. 마음속에서 꿈틀거리는 용기를 꺼내보세요. 정말 무엇이든 할 수 있거든요. 당신이 아직 꺼내지 못한 용기는 무엇인가요?"

저에게 용기를 북돋아준 모든 지인에게 감사를 표합니다.

아프리카의 꿈을 안겨준 김이진 선생님, 출판할 수 있다는 용기를 준 박상미 선생님, 이 책을 위해 오랜 기간 힘써주신 처음북

스 가족들, 항상 나를 믿고 지지해주는 엄마, 아빠, 언니와 사랑하는 친구들, SNS에서 응원해주신 분들, 그리고 제 여행을 아름답게 만들어준, 여행길에 만난 모든 인연에게,

진심으로 감사합니다.

아무도 모르게 귀국하기

95일간의 아프리카 여행 영상